工业会计真账实训

（第二版）

亚洲职业教育研究院　编

立信会计出版社
LIXIN ACCOUNTING PUBLISHING HOUSE

图书在版编目(CIP)数据

工业会计真账实训/亚洲职业教育研究院编. —2版. —上海:立信会计出版社,2020.5
ISBN 978-7-5429-6471-7

Ⅰ.①工… Ⅱ.①亚… Ⅲ.①工业会计—会计实务—高等职业教育—教材 Ⅳ.①F406.72

中国版本图书馆CIP数据核字(2020)第078608号

策划编辑　蔡伟莉
责任编辑　余　榕
封面设计　南房间

工业会计真账实训(第二版)
Gongye Kuaiji Zhenzhang Shixun

出版发行	立信会计出版社		
地　址	上海市中山西路2230号	邮政编码	200235
电　话	(021)64411389	传　真	(021)64411325
网　址	www.lixinaph.com	电子邮箱	lixinaph2019@126.com
网上书店	http://lixin.jd.com		http://lxkjcbs.tmall.com
经　销	各地新华书店		

印　刷	安徽新华印刷股份有限公司	
开　本	787毫米×1092毫米	1/16
印　张	10.5	
字　数	184千字	
版　次	2020年5月第2版	
印　次	2020年5月第1次	
印　数	1—3 100	
书　号	ISBN 978-7-5429-6471-7/F	
定　价	42.00元	

preface 前言

会计是一门商业的语言，如果说学好会计的理论知识是会表达这门商业的语言，那么会操作会计实务就是对这门商业的语言得心应手的应用。

会计实务是指会计进行账务处理的过程，一般包括填制凭证、登记账簿、编制报表、纳税申报的整个过程。根据《会计基础工作规范》和有关会计制度的规定，会计工作岗位一般分为：总会计师岗位，会计机构负责人岗位，出纳岗位，稽核岗位，资本、基金核算岗位，收入、支出、债权债务核算岗位，工资核算、成本费用核算、财务成果核算岗位，财产物资的收发、增减核算岗位，总账岗位，对外财务会计报告编制岗位，会计电算化岗位，会计档案岗位等。会计工作岗位可以一人一岗、一人多岗或一岗多人。在实际工作中，企业可根据自身的具体规模和管理要求，按需设置出纳、库管、会计、会计主管、财务经理等会计岗位。

本教材以工业企业的真账为实际案例，根据2020年最新的财税政策编写而成。随着“互联网＋”的不断发展，各行各业会计处理智能化水平也越来越高，会计行业在发展，会计从业人员更需要与时俱进，为了其更好地适应智能化记账方式，本教材介绍了最新主流财务软件的使用方法，包括拍照上传原始凭证即可自动生成记账凭证等功能。一言以蔽之，教材中所有的设计和考虑只为会计从业人员能够更好地胜任工作岗位！

编　者

2020年5月

Contents 目录

第一章　实 训 概 述

"工业实务会计"是以工业企业常见的经济业务为主线，通过建立账簿、审核和填制原始凭证与记账凭证、登记账簿、成本计算、财产清查、编制会计报表等一系列的会计工作，使学生熟悉中小企业各项经济业务流程和手工操作情况下会计核算工作的全过程，以及各个会计工作岗位的职责和工作内容，从而培养学生的职业道德、职业技能和职业素质的一门课程。

智慧之路

天下没有不劳而获的东西

从前，有个爱民如子、深谋远虑的国王，在他的英明领导下，人民丰衣足食，安居乐业。但他却担心自己死后，他的子民是不是也能过着幸福的日子。

于是他召集了国内的有识之士，命令他们寻找一个能确保人民生活幸福的永世法则。

学者们经过3个月的努力，把3本6寸厚的帛书呈给国王，说："国王陛下，天下知识都汇集在这3本书内，只要人民读完它，就能确保他们的生活无忧了"。国王不以为然，因为他认为人民都不会花那么多时间看书。所以他再命令这些学者们继续钻研。2个月后，学者们把3本书简化成1本。国王对此还是不满意。又过了1个月后，学者们把一张纸呈给国王。国王看后非常满意，重重地奖赏了学者们。

你们好奇这张纸上写着什么吗？其实，这张纸上只写了一句话：天下没有不劳而获的东西。

这个故事蕴含的哲理是：世上多数人都想快速发达，却不明白做什么事情都必须老老实实地通过努力才能有所成就。不要幻想中彩票，或者把时间花在赌桌上，这些一夜暴富的梦都是人们成功和努力的绊脚石。只要你能够彻底放弃投机取巧的心态，成功必定离你不远。换个角度来说，只要你还存有一点取巧、碰运气的心态，就很难全力以赴。记住：天下没有不劳而获的东西。想要什么样的生活就靠自己去奋斗，要想得到必须先付出。

第一节　会计真账实训概述

一、工业企业会计的含义

工业企业会计是以工业企业为会计主体的一种行业会计。工业企业是以生产与销售工业产品为盈利手段，实行独立核算，具有法人资格的经济组织。为了进行生产经营活动而从种种渠道筹集所需资金，是工业企业的一项重要业务活动，因此，筹资业务的核算是工业企业会计核算的重要内容；工业企业的筹资活动与投资活动，都是为产品生产与销售服务的，因此，生产经营业务的核算是工业企业会计核算的中心内容。

工业企业的经营活动包括供应、生产与销售三个过程。在供应过程中，工业企业购买生产产品所需的材料，支付采购费用，并与供应单位发生货款结算关系。在生产过程中，一方面，工业企业通过对材料进行加工，制造出社会所需要的产品；另一方面，为了生产这些产品，工业企业又要发生各种各样的费用。为了确定生产与销售产品的经营成果，工业企业要将生产过程中发生的各项费用按照产品的种类进行归集和分配，计算产品的生产(制造)成本。在销售过程中，工业企业按照销售合同的规定，出售产品并向客户收取货款，这些货款包括在生产过程中发生的生产成本、在销售过程中发生的销售费用和按照国家规定交纳的销售税金。将销售产品的生产成本、销售费用、销售税金与销售收入进行对比，可以确定工业企业经营期间的最终经营成果，即利润或亏损。工业企业实现的利润，首先要交纳所得税；其次要按照有关规定提取法定盈余公积和任意盈余公积；最后再对所有者进行分配。这些也是工业企业会计核算的重要内容。

二、工业企业会计的特征

工业企业会计与其他行业会计相比，具有以下几个特征：

(1) 供应、生产、销售业务是其核算与监督的中心内容。工业企业的基本经济活动是生产工业产品，其生产过程是工业企业经营过程的中心环节。工业企业的生产经营过程依次经过供应过程、生产过程、销售过程，三者不断循环和周转，因此资金在工业企业也就以"货币资金—储备资金—生产资金—成品资金"的形式不断运动。由此可见，工业企业会计核算和监督的中心内容就是工业企业的供应、生产、销售业务。

(2) 管理费用、财务费用、产品销售费用列为期间费用，不计入产品成本，直接计入当期损益。工业企业发生的费用，按照经济用途的不同，可分为应计入产品成本的费用和不计入产品成本的费用(即期间费用)。工业企业为组织和管理生产经营活动等所发生的管理费用和财务费用，以及在销售产品和提供劳务过程中所发生的销售费用等都列为期间费用，不计入成本，直接计入当期损益。

(3) 存货既可以按实际成本计价，也可以按计划成本计价。工业企业为了正确组织存货核算，就必须对存货进行正确的计价。工业企业可以根据实际情况，对存货或按实际成本计价，或按计划成本计价。一般来说，规模较大、存货品种繁多、收付业务量较大的工业企业，可按计划成本计价。

三、会计真账实训的目的

本会计真账实训可以培养学生会计业务处理能力，使其能够比较系统地练习工业企业会计核算的基本程序和具体操作方法；加强学生对会计基本理论的理解、基本方法的运用和基本技能的训练，达到理论知识与会计实务的统一；培养学生严谨的工作态度和敬业精神；提高学生记账、算账、报账等实际操作的动手能力，为其毕业后走上工作岗位，缩短"适应期"，胜任工作，打下扎实的基础。

本会计真账实训以某工业企业为背景，以典型业务为主线，设计了从建账到日常会计核算、计算产品成本、计算净利润、进行利润分配、编制会计报表全部过程的会计资料。学生通过本会计真账实训操作，不仅能掌握填制和审核原始凭证与记账凭证、登记账簿、成本计算、财产清查和编制会计报表的全部会计工作的技能和方法，而且能够亲手体验出纳员、财产物资核算员、工资核算员、资金核算员、往来结算员、成本费用核算员、财务成果核算员、总账报表员、稽核员、档案管理员、会计主管人员等会计工作岗位的具体工作，从而对工业企业会计核算的全过程有一个比较系统、完整的认识，最终达到对会计理论和方法融会贯通的目的。

四、会计真账实训的要求

(1) 在上实训课前，学生应提前阅读本会计真账实训，明确每个实训的目的、步骤及应完成的任务，并结合"基础会计"等课程认真进行预习。

(2) 在实训过程中，指导教师应向学生讲明如何具体执行《中华人民共和国会计法》《会计基础工作规范》《内部会计控制规范》《企业会计准则》《企业财务通则》、税务和金融等有关法规，学习各项费用的有关规定、范围及标准，加强学生的政策法制观念。

(3) 全部实训要求使用统一模拟会计凭证、账页及会计报表格式。

（4）在实训结束后，所有原始凭证或原始凭证汇总表均作为记账凭证的附件，记账凭证按通用记账凭证顺序编号，折叠整齐，按照装订凭证的规定，加具封面，注明单位名称、年度、月份和起讫日期，并由装订人签名或盖章。应将各种账页按不同格式（或类别）装订成册，附上账簿启用登记表。全部会计报表附上会计报表封面，注明单位名称、年度、月份，并签章。所有会计档案应妥善保管。

（5）本实训操作最好由学生本人独立完成，并写出一份总结实训体会的实训报告，以进一步熟悉、掌握有关制度，提高财经应用写作能力。

五、会计真账实训的形式

本会计真账实训要求学生在实训中独立完成全部操作，系统、完整地认识企业会计核算的全过程，将会计理论、方法与实际操作相结合。

学生通过这种形式的实训，一方面可以全面掌握企业各个会计工作环节的技能和方法，包括填制和审核会计凭证、登记账簿、成本计算、财产清查和编制会计报表等的技能和方法；另一方面可以全面熟悉各个会计岗位的具体工作，包括出纳、财产物资核算、工资核算、资金核算、往来结算、成本费用核算、财务成果核算、总账、报表、稽核、档案管理、会计主管等会计工作岗位的工作。

在实训时，指导教师可以将学生分成几个实训小组，每个小组指定一个实训组长，配合指导教师组织本组学生实训，如记录本组学生考勤、分发实训用品、保管本组共用实训用品等。

六、会计真账实训的用品准备

（1）印章，主要包括模拟企业的公章、财务专用章、法人印章、发票专用章、参加实训学生的个人名章。

（2）会计办公用品，主要包括计算器、算盘、双色印台、笔筒、记账专用笔（黑色签字笔、红色签字笔）、直尺、胶水、大头针、曲别针、剪子、裁纸刀、夹子、装订凭证的针和线、装订机等。

（3）会计凭证，包括原始凭证和记账凭证。记账凭证应准备通用记账凭证、记账凭证封皮、增值税抵扣联封面等。

（4）各种账簿，包括现金日记账、银行存款日记账、总账、三栏式明细账账页、多栏式明细账账页、数量金额式明细账账页、账簿封面、首页（或账簿启用登记表）、目录、账夹、账绳等。

（5）会计报表，包括资产负债表、利润表等。

七、会计真账实训的考核

在实训结束后，指导教师可根据学生在实训过程中的表现和其全部实训成果进行考核评价。考核标准参考为：

（1）实训操作中的独立性及实习态度、纪律性占20%。

（2）经济业务账务处理的准确性占50%。

（3）实训操作的规范性（即凭证、账页、报表中字迹清晰、工整，阿拉伯数字书写规范）占10%。

（4）会计档案整理装订质量占15%。

（5）实训报告质量占5%。

第二节　模拟企业概况

一、模拟企业的基本情况

浙江皇冠家具有限责任公司创建于2011年，其有关资料如下：

（1）公司名称：浙江皇冠家具有限责任公司

（2）公司地址：浙江省杭州市滨江高新技术开发区308号

(3) 公司电话:0571-88900333,传真 0571-88900335
(4) 法人代表:皇甫江
(5) 公司账户:中国建设银行滨江支行
账　　号:6227181800000003399
(6) 企业类型:有限责任公司
(7) 税　　号:330123142933996886
(8) 其他资料:
财 务 经 理:戴永明
会　计　员:段振华
出　纳　员:何筱夜
仓库保管员:曾燕琼
(9) 股东成员及持股比例:
皇甫江:投资比例 50%
王　峰:投资比例 30%
刘　斌:投资比例 20%
(10) 职工人数:共 30 人(其中:行政部 4 人,销售部 2 人,生产部 24 人)

二、模拟企业的会计核算方法

浙江皇冠家具有限责任公司采用科目汇总表账务处理程序进行会计核算(每个月汇总登记一次总账),核算程序如下:

(1) 填制记账凭证。
(2) 登记现金日记账和银行存款日记账。
(3) 登记明细账。
(4) 编制科目汇总表。
(5) 登记总账。
(6) 对账与结账。
(7) 编制会计报表(资产负债表和利润表等)。

三、模拟企业的内部核算制度

浙江皇冠家具有限责任公司的内部核算制度如下:

(1) 库存现金定额为 35 000 元。
(2) 实行集中核算,全部会计核算由财务处负责完成,各车间只提供成本计算的原始资料。
(3) 存货计价采用实际成本法。存货发出时的计价采用月末一次加权平均法。
(4) 产品成本计算根据公司生产类型特点及成本管理要求采用品种法。

(5) 月末实木床、办公桌的在产品成本采用约当产量法计算,原材料在生产开始时一次投入,完工程度均为 50%。

(6) 公司为一般纳税人,所有产品适用的增值税税率均为 13%,全部原材料、库存商品的采购、销售均为不含税价格。运输业的增值税税率为 9%。

(7) 公司负担的城市维护建设税按流转税的 7%计算交纳,教育费附加按流转税的 3%计算交纳,地方教育费附加按流转税的 2%计算交纳。

(8) 固定资产采用平均年限法计提折旧。其中:房屋建筑折旧期限为 20 年,机械设备折旧年限为 10 年,汽车的折旧年限均为 4 年,电子设备的折旧年限为 3 年。所有固定资产的残值率均为 5%。

(9) 无形资产摊销年限为 10 年。

(10) 个人所得税按照最新的七级超额累进税率表计算(见表 1-1 和表 1-2)。

表 1-1　个人所得税税率表

（按月换算后的综合所得税税率表）

级数	月应纳税所得额	税率	速算扣除数
1	不超过 3 000 元的	3%	0
2	超过 3 000 元至 12 000 元的部分	10%	210
3	超过 12 000 元至 25 000 元的部分	20%	1 410
4	超过 25 000 元至 35 000 元的部分	25%	2 660
5	超过 35 000 元至 55 000 元的部分	30%	4 410
6	超过 55 000 元至 80 000 元的部分	35%	7 160
7	超过 80 000 元的部分	45%	15 160

注：本表适用于非居民个人工资、薪金所得，劳务报酬所得，稿酬所得，特许权使用费所得。

表 1-2　居民个人综合所得适用个人所得税税率表

级数	全年应纳税所得额	税率	速算扣除数
1	不超过 36 000 元的部分	3%	0
2	超过 36 000 元至 144 000 元的部分	10%	2 520
3	超过 144 000 元至 300 000 元的部分	20%	16 920
4	超过 300 000 元至 420 000 元的部分	25%	31 920
5	超过 420 000 元至 660 000 元的部分	30%	52 920
6	超过 660 000 元至 960 000 元的部分	35%	85 920
7	超过 960 000 元的部分	45%	181 920

注：本表所称全年应纳税所得额是指依照《中华人民共和国个人所得税法》第六条的规定，居民个人取得综合所得以每一纳税年度收入额减除费用 6 万元以及专项扣除、专项附加扣除和依法确定的其他扣除后的余额。

（11）企业所得税按月计提，按季预交，全年汇算清缴，税率为 25%。

（12）将费用分配到实木床和办公桌的成本中，均按其工时进行分配。其中：实木床的工时 3 000 小时，办公桌的工时 6 000 小时。

（13）员工个人承担的养老保险、医疗保险、失业保险的比率分别按社保缴费基数的 8%、2%＋4 元、1%计算。

（14）公司承担并交纳的养老保险、医疗保险、失业保险、工伤保险、生育保险等社会保险费用分别按社保缴费基数的 14%、10.5%、1.5%、0.5%、1.2%计算（见表 1-3）。

（15）公司初次购买增值税税控系统专用设备支付的费用和交纳的技术维护费允许在增值税应纳税额中全额抵减。

（16）公司取得小规模纳税人到税务局代开的增值税专用发票，可以凭增值税专用发票上的税额抵扣增值税。

（17）广告业和设计服务按照“现代服务业”中的“文化创意服务”，按照 6%的税率计征增值税。

（18）年末按净利润 10%提取法定盈余公积。

（19）净利润中分配给股东比例由当年股东大会决定。分配给股东的股利在各股东间按投资比例进行分配，皇甫江投资比例为 50%，王峰投资比例为 30%，刘斌投资比例为 20%。

（20）计算中要求精确到小数点后 2 位，尾差按业务需要进行调整。

（21）各会计岗位操作规范按《会计基础工作规范》执行。

表 1-3　　**杭州市滨江区企业各项社会保险费实收一览表**

保险项目 \ 基数比例			月缴费基数	单位每月应缴(地税核定)：单位缴费比例	单位每月应缴(地税核定)：单位部分人均月最低缴纳标准	个人每月应缴(社保核定)	个人每月应缴(社保核定)：个人月最低缴纳标准	说明(金额单位:元)
各类企业及职工社会保险	基本养老保险		3 054.95	14.0%	427.69	8%	244.4	单位缴费基数按全部职工工资总额为基准，单位缴费基数不得低于实有参保人数缴费基数之和 职工个人缴费基数按年度职工个人实得月平均工资为基准，参保职工上年度月平均工资低于上年全省职工平均工资 60%的，按照 60%核定；高于上年全省职工平均工资 300%的，按照 300%核定(此表仅供参考)
	基本医疗保险			10.5%	320.77	2%	61.1	
	重大疾病医疗补助费及医疗困难救助费			4(从职工每月医保个人账户中扣取)				
	失业保险	城镇		0.5%	15.27	0.5%	15.27	
		农村						
	生育保险			1.2%	36.66	—	—	
	工伤保险	行业类别划分		浮动费率(按企业上年工伤保险缴费金额与工伤保险赔付金额收支比例核定)：基准费率	浮动费率		按基准费率计算	
		一类行业		0.5%	0.4%		15.27	
		二类行业		0.8%	0.6%　0.7%　0.9%　10%		24.44	
		三类行业		1.2%	0.8%　1.0%　1.4%　1.6%		36.66	
	合计			工伤类别	户籍	单位	个人	合计
				一类	非农/农业	815.66	320.77	1 136.43
				二类	非农/农业	824.83	320.77	1 145.60
				三类	非农/农业	837.05	320.77	1 157.82

四、各账户期初余额

(一) 总账及其明细账的期初余额

浙江皇冠家具有限责任公司 2020 年 12 月总账及其明细账的期初余额如表 1-4 所示。

表 1-4　　**总账及其明细账的期初余额**

2020 年 12 月 01 日　　单位:元

账户名称	总账：借方	总账：贷方	明细账：借方	明细账：贷方
库存现金	12 025.00			
银行存款	1 565 735.29			
应收账款	580 000.00			
——温州万达商场			410 000.00	
——伟东商场			170 000.00	
应收票据	585 000.00			
——万方公司			585 000.00	
其他应收款	60 000.00			

（续表）

账户名称	总　账		明细账	
	借方	贷方	借方	贷方
——皇甫江			60 000.00	
原材料	278 000.00			
固定资产	3 849 950.00			
累计折旧		574 738.12		
库存商品	2 380 000.00			
生产成本	194 330.00			
短期借款		490 000.00		
应付账款		913 230.00		
——光明木材厂				274 830.00
——北仑涂料厂				608 400.00
——森林木材厂				30 000.00
应交税费		243 036.80		
——未交增值税				16 390.00
——应交城市维护建设税				1 147.30
——应交教育费附加				491.70
——应交地方教育费附加				327.80
——应交所得税				224 680.00
应付职工薪酬		122 715.12		
——工资				109 470.00
——社保费				13 245.12
应付利息		4 900.00		
实收资本		4 900 000.00		
——皇甫江				2 450 000.00
——王峰				1 470 000.00
——刘斌				980 000.00
本年利润		650 000.00		
利润分配		602 150.00		
——未分配利润				602 150.00
盈余公积		1 006 764.00		
——法定盈余公积				1 006 764.00

（二）明细账期初余额

浙江皇冠家具有限责任公司 2020 年 12 月明细账的期初余额如表 1-5 至表 1-8 所示。

表 1-5 原材料明细账期初余额

2020 年 12 月 01 日 金额单位:元

材料名称	计量单位	数量	单价	金额
木材	立方米	1 200	190.00	228 000.00
涂料	桶	200	250.00	50 000.00
合计				278 000.00

表 1-6 库存商品明细账期初余额

2020 年 12 月 01 日 金额单位:元

产品名称	计量单位	数量	单位成本	总成本
实木床	张	1 140	1 000.00	1 140 000.00
办公桌	张	620	2 000.00	1 240 000.00
合计				2 380 000.00

表 1-7 生产成本明细账期初余额

2020 年 12 月 01 日 单位:元

总账账户	明细账户	成本项目			合计
		直接材料	直接人工	制造费用	
生产成本	实木床	66 450.00	13 290.00	8 860.00	88 600.00
	办公桌	79 297.50	15 859.50	10 573.00	105 730.00

表 1-8 固定资产明细账期初余额

2020 年 12 月 01 日 金额单位:元

使用部门	固定资产名称	购入时间	单位	数量	原始价值	年限	净残值(5%)	已提折旧
生产部	电脑	2019 年 5 月	台	2	9 000.00	3	450.00	4 275.00
	切割机	2018 年 5 月	台	5	27 500.00	10	1 375.00	6 531.25
	喷漆机(空压机)	2018 年 5 月	台	5	27 250.00	10	1 362.50	6 471.87
	钻床	2018 年 5 月	台	6	71 700.00	10	3 585.00	17 028.75
生产部	气动铆钉枪	2018 年 5 月	只	12	36 000.00	10	1 800.00	8 550.00
	房屋及建筑物	2017 年 12 月	m^3	1 000	3 000 000.00	20	150 000.00	415 625.00
行政部	电脑	2019 年 5 月	台	6	27 000.00	3	1 350.00	12 825.00
	打印机	2019 年 5 月	台	1	3 100.00	3	155.00	1 472.50
	传真机	2019 年 5 月	台	1	2 400.00	3	120.00	1 140.00
	扫描仪	2019 年 5 月	台	1	2 800.00	3	140.00	1 330.00
	数码相机	2019 年 5 月	台	1	4 680.00	3	234.00	2 223.00
	复印机	2019 年 5 月	台	1	3 520.00	3	176.00	1 672.00
	汽车	2019 年 5 月	辆	1	35 000.00	4	1 750.00	12 468.75
	房屋及建筑物	2017 年 12 月	m^3	200	600 000.00	20	30 000.00	83 125.00
合计					3 849 950.00		192 497.50	574 738.12

(三) 本月产品投产及完工情况

浙江皇冠家具有限责任公司 2020 年 12 月产品投产及完工情况如表 1-9 所示。

表 1-9 **本月产品投产及完工情况**

2020 年 12 月

产品名称	单位	月初在产品数量	本月投入量	本月完工数量	月末在产品数量
实木床	张	90	640	200	530
办公桌	张	54	390	240	204

(四) 利润表资料

浙江皇冠家具有限责任公司 2020 年 11 月的利润表(简表)如表 1-10 所示。

表 1-10 **利 润 表(简表)**

2020 年 11 月 单位:元

项目	10~11 月累计额
一、营业收入	11 531 300
减:营业成本	9 505 900
税金及附加	108 400
销售费用	128 500
管理费用	603 400
财务费用	95 200
二、营业利润	1 089 900
加:营业外收入	97 820
减:营业外支出	289 000
三、利润总额	898 720
减:所得税费用	224 680
四、净利润	674 040

注:本书中的原始凭证均属于教材参考,不具法律效力。

第二章 日常经济业务核算实训

本章介绍工业企业日常经济业务的核算，主要包括货币资金收付的核算，销售业务的核算，应收及预收账款的核算，存货的核算，应付及预付账款的核算，职工薪酬的核算，固定资产的核算，无形资产的核算，利润及利润分配的核算等经济业务。通过真账模拟，学员可以更好地适应相关的工作岗位。

智慧之路

为自己播种

有个突然失去双亲的孤儿，生活过得非常贫穷，今年唯一能让他熬过冬天的粮食，就只剩下父母生前留下的一小袋豆子了。

但是，此刻的他，却决定忍受饥饿。他将豆子收藏起来，饿着肚子开始四处捡拾破烂，这个寒冬他就要靠着微薄的收入度过了。

也许有人要问，他为什么要这么委屈或折磨自己，何不先用这些豆子充饥，熬过了冬天再说？

或许，聪明的人已经猜到了，原来在他小小的心灵里，充满着发了芽的翠绿豆苗。整个冬天，在孩子的心中，充满着播种豆苗的希望与梦想。

因此，即使这个冬天他过得再艰辛，甚至还饿昏了过去，他也不曾去触碰那袋豆子，只因为那是他的“希望种子”。

当春光温柔地照着大地，孤儿立即将那一袋豆子播种下去，经过夏天的辛勤劳动，到了秋天，他果然得到了丰富的收获。

然而，面对这次的丰收，他却一点也不满足，因为他还想要更多的收获，于是他把今年收获的豆子再次存留下来，以便来年继续播种、收获。

就这样，日复一日，年复一年，种了又收，收了又种。

终于，孤儿的房前屋后全都种满了豆子，他也告别了贫穷，成为当地最富有的农民。

这个故事蕴含的哲理是：在不断前进的人生中，凡是看得见未来的人，也一定能掌握现在，因为明天的方向他已经规划好了，知道自己的人生将走向何方。将“希望种子”留在心中，相信自己会有一个无可限量的未来，心存希望，任何艰难都不会成为我们的阻碍。只要怀抱希望，生命自然会充满激情与活力。

第一节 日常经济业务核算

【实训目的】

（1）熟悉工业企业的业务流程。

(2) 依据原始凭证，分析各项经济业务引起会计要素的增减变动情况，编制相应的会计分录。

(3) 能够填制和审核有关原始凭证。

(4) 依据原始凭证或原始凭证汇总表填制记账凭证，并进行审核。

(5) 依据原始凭证或原始凭证汇总表和记账凭证登记日记账、明细账、备查簿等各种账簿。

(6) 依据记账凭证编制科目汇总表，依据科目汇总表登记总账。

(7) 学会对账与结账。

(8) 编制会计报表。

(9) 能够独立管理会计档案，特别是学会装订凭证、账簿。

【实训任务】

(1) 编制会计分录。

(2) 填制和审核有关原始凭证。

(3) 填制和审核记账凭证。

(4) 登记日记账、明细账、备查簿、总账等账簿。

(5) 编制科目汇总表，并依据科目汇总表登记总账。

(6) 对账与结账。

(7) 编制资产负债表、利润表。

(8) 整理和装订凭证、账簿。

【实训内容】

浙江皇冠家具有限责任公司 2020 年 12 月发生的经济业务如下：

(1) 1 日，签发现金支票一张向银行提取现金 20 000 元备用(相关单据见原始凭证 1)。

(2) 1 日，收到转账支票一张，温州万达商场偿还前欠货款 410 000 元，已办理进账手续(相关单据见原始凭证 2)。

(3) 1 日，办公室主任刘海到重庆出差，预借差旅费 8 000 元，以现金支付(相关单据见原始凭证 3)。

(4) 1 日，从银行取得 3 个月期限的周转借款 480 000 元，月利率为 0.5%，利息按月计提，每季度末支付一次(相关单据见原始凭证 4)。

(5) 2 日，购买文件夹，共计 235.04 元，以现金支付(相关单据见原始凭证 5-1 至原始凭证 5-3)。

(6) 2 日，从光明木材厂购买木材一批，已验收入库，收到的增值税专用发票上注明的单价为 200 元，数量为 2 500 立方米，合计金额为 500 000 元，增值税额为 65 000 元，开出转账支票支付货款(相关单据见原始凭证 6-1 至原始凭证 6-4)。

(7) 4 日，向山东青云公司销售实木床 300 张，每张售价为 3 200 元，价款共计 960 000 元，增值税额为 124 800 元；销售办公桌 350 张，每张售价为 3 300 元，价款共计 1 155 000 元，增值税额为 150 150 元，款项已经全部收到(相关单据见原始凭证 7-1 至原始凭证 7-3)。

(8) 8 日，从宁波北仑涂料厂购买涂料一批，已经验收入库，收到的增值税专用发票上注明的单价为 240 元，数量为 2 000 桶，合计金额 480 000 元，增值税额为 62 400 元，款项尚未支付(相关单据见原始凭证 8-1至原始凭证 8-3)。

(9) 5 日，行政部戴永明报销招待客户餐费 520 元，以现金支付(相关单据见原始凭证 9-1 和原始凭证 9-2)。

(10) 5 日，销售部陈笑笑报销差旅费 1 220 元，以现金支付(相关单据见原始凭证 10-1 至原始凭证 10-3)。

(11) 5 日，因排污水超标罚款 100 000 元，款项以存款支付(相关单据见原始凭证 11)。

(12) 5 日，购买荔枝干 30 袋，价款共计 5 400 元，作为职工福利费发给职工，荔枝干已全部发放(相关单据见原始凭证 12-1 至原始凭证 12-3)。

(13) 5 日，销售部陈笑笑报销运输产品车辆加油费 3 300 元，以现金支付(相关单据见原始凭证 13-1 和原始凭证 13-2)。

(14) 6 日，与文海商场达成销售意向，并预收货款 100 000 元(相关单据见原始凭证 14)。

(15) 8 日，刘主任从重庆出差回来，报销差旅费 6 508 元，退回 1 492 元(相关单据见原始凭证 15-1 至原始凭证 15-9)。

(16) 4 日，委托宜家家居有限公司加工 200 张书柜，并向对方提供木材 1 800 立方米，涂料1 200 桶，支付加工费，收到的增值税专用发票上注明的加工费为 100 000 元，增值税额为 13 000 元；向运输公司支付运输费 2 180 元，收到的增值税专用发票上注明的运输费 2 000 元，增值税额为 180 元。以上加工费、运费、税费均以银行存款支付(相关单据见原始凭证 16-1 至原始凭证 16-8)。

(17) 8 日，出售一台废旧钻床，价款 6 500 元已存入银行。该机床原始价值为 71 700 元，已提折旧为 17 596.38 元(包括处置当月折旧额)(相关单据见原始凭证 17-1 至原始凭证 17-3)。

(18) 9 日，以现金订阅本月报纸杂志 680 元(相关单据见原始凭证 18-1 和原始凭证 18-2)。

(19) 9 日，参加 11 月底家具展览会，以银行存款支付展览费 4 200 元，市场部参展人员报销参展花销 490 元，以现金支付(相关单据见原始凭证 19-1 至原始凭证 19-6)。

(20) 10 日，以银行存款交纳上月应交增值税、城市维护建设税、教育费附加、印花税及社会保险费(相关单据见原始凭证 20-1 至原始凭证 20-3)。

(21) 11 日，向伟东商场销售实木床 450 张，每张售价为 3 100 元，价款共计 1 395 000 元，增值税销项税额为 181 350 元。该项交易附有现金折扣条件“2/10，1/20，n/30”(不考虑增值税)，货款暂欠(相关单据见原始凭证 21-1 和原始凭证 21-2)。

(22) 12 日，山东青云公司收到本公司 4 日所销售的实木床后，发现实木床色泽有偏差，经协商，本公司同意在价格上给予 5%的折让，并办妥了相关手续(相关单据见原始凭证 22-1 和原始凭证 22-2)。

(23) 13 日，按合同将 200 张办公桌发给文海商场，每张售价为 3 300 元，价款共计 660 000 元，增值税销项税额为 85 800 元，同时收到该商场支付的剩余款项 645 800 元(相关单据见原始凭证 23-1 至原始凭证 23-3)。

(24) 13 日，向汉通设备厂购入不需要安装的机床一台，买价和税金共计 356 923.08 元，运输费共计 4 120.20元(含增值税)，设备款项已用银行存款支付(相关单据见原始凭证 24-1 至原始凭证 24-6)。

(25) 14 日，收回宜家家居有限公司完工的书柜，并验收入库(相关单据见原始凭证 25)。

(26) 15 日，提取现金 101 707.98 元，用于发放工资(相关单据见原始凭证 26)。

(27) 15 日，发放 11 月份工资(相关单据见原始凭证 27)。

(28) 15 日，交纳 11 月代扣的个人所得税 23.52 元(相关单据见原始凭证 28)。

(29) 15 日，行政部门报销汽车修理费 470 元(相关单据见原始凭证 29-1 至原始凭证 29-3)。

(30) 15 日，从光明木材厂购买木材一批，已经验收入库，收到的增值税专用发票上注明单价 200 元，数量 1 550 立方米，合计金额 310 000 元，增值税额为 40 300 元。上述款项已用银行存款付清(相关单据见原始凭证 30-1 至原始凭证 30-4)。

(31) 15 日，将万方公司 2020 年 11 月 1 日开出的 2021 年 2 月 1 日到期、面值为 585 000 元的商业汇票到银行办理贴现，银行月贴现率为 7.5‰，取得贴现金额(相关单据见原始凭证 31)。

(32) 16 日，向台州天顶装饰有限公司销售书柜 200 张，价款合计 1 760 000 元，增值税额为 228 800 元，款项已收到并存入银行(相关单据见原始凭证 32-1 至原始凭证 32-3)。

(33) 16 日，开出转账支票，向广发货运公司支付本月销售产品运杂费 10 900 元(含税)(相关单据见原始凭证 33-1 至原始凭证 33-3)。

(34) 16 日，向宝莱公司购买生产专利，开出转账支票付款 143 100 元(相关单据见原始凭证 34-1 至原始凭证 34-3)。

(35) 17 日，发生增值税税控系统专用设备技术维护费，取得的增值税普通发票上注明的价款为 247.79 元，增值税额为 32.21 元，价款和税款以银行存款支付(相关单据见原始凭证 35-1 和原始凭证 35-2)。

(36) 19 日，归还 9 月 19 日借入的短期借款 490 000 元，划付利息 7 350 元，前 2 个月利息已计提(相关单据见原始凭证 36)。

(37) 21 日，向个体工商户张三购买五金配件和胶粘剂，作为周转材料，支付价款 50 000 元(其中，五金配件 40 000 元，胶粘剂 10 000 元)，取得杭州税务局代开的增值税专用发票，注明的增值税额为 1 500 元，款项已支付(相关单据见原始凭证 37-1 至原始凭证 37-5)。

(38) 22 日，生产实木床和办公桌领用五金配件和胶粘剂各 80%(相关单据见原始凭证 38-1 至原始凭证 38-4)。

(39) 23 日，销售剩余 20% 的五金配件和胶粘剂，取得销售收入，价款共计 12 000 元，增值税额为 1 560元，收到款项和增值税已存入银行(相关单据见原始凭证 39-1 至原始凭证 39-4)。

(40) 23 日，聘请天行专业设计有限公司设计家具装饰品，市场部门制定后分发给各个客户做品牌宣传，预付给该公司设计费 16.60 万元(含税)，订制装饰品 200 件，每件价格为 580 元(含税)，款项和税费均已通过银行存款支付(相关单据见原始凭证 40)。

(41) 23 日，向宁波北仑涂料厂购买涂料一批，收到的增值税专用发票上注明的单价为 260 元，数量为 1 800 桶，合计金额 468 000 元，增值税进项税额 60 840 元，款项已经支付，但涂料尚未运抵企业(相关单据见原始凭证 41-1 至原始凭证 41-3)。

(42) 25 日，向海天广告公司支付广告费 40 280 元(相关单据见原始凭证 42-1 至原始凭证 42-3)。

(43) 25 日，收到伟东商场 11 日购买实木床支付的货款(相关单据见原始凭证 43)。

(44) 26 日，向宁波北仑涂料厂购买的涂料已经验收入库(相关单据见原始凭证 44)。

(45) 28 日，开出现金支票提取备用金 10 000 元(相关单据见原始凭证 45)。

(46) 28 日，收到伟东商场前欠货款 170 000 元(相关单据见原始凭证 46)。

(47) 28 日，用银行存款偿还前欠宁波北仑涂料厂的款项 608 400 元(相关单据见原始凭证 47)。

(48) 29 日，接到银行利息回单，本月银行存款利息收入 4 890 元已转入存款账户(相关单据见原始凭证 48)。

(49) 30 日，银行转来自来水公司委托收款通知单，价税合计 16 023 元。公司共耗水 4 900 吨，单价为 3 元，其中：管理部门耗水 490 吨，生产车间耗水 4 410 吨(相关单据见原始凭证 49-1 至原始凭证 49-4)。

(50) 30 日，银行转来供电公司委托收款通知单，价税合计 36 340.80 元，公司共耗电 67 000 度，单价为 0.48 元，其中：生产实木床、办公桌共耗电 48 000 度。生产车间照明耗电 10 000 度，管理部门耗电 9 000度，增值税税率为 13%(相关单据见原始凭证 50-1 至原始凭证 50-4)。

(51) 30 日，收到订制的家具装饰品，取得天竹专业设计有限公司开具的两张增值税专用发票，注明的设计费和装饰品分别为 50 000 元和 100 000 元，增值税额分别为 3 000 元和 13 000 元，并于当日分发给各个客户及潜在客户，按照约定，无论对方是否购买本公司家具，均无须返还家具装饰品(相关单据见原始凭证 51-1 至原始凭证 51-4)。

(52) 30 日，以银行存款支付公司本月电话费 5 142.82 元(相关单据见原始凭证 52-1 和原始凭证 52-2)。

(53) 31 日，预提本月短期借款利息(相关单据见原始凭证 53)。

(54) 31 日，摊销无形资产(相关单据见原始凭证 54)。

(55) 31 日，计提固定资产折旧(相关单据见原始凭证 55)。

(56) 31 日，计提 12 月的工资费用(相关单据见原始凭证 56)。

(57) 31 日，盘点仓库时发现木材少了 61.5 立方米，价值 12 300 元(相关单据见原始凭证 57-1 和原始凭证 57-2)。

(58) 31 日，经查，盘亏的木材是由于职工曾燕琼保管不利造成，由其赔偿损失 2 300 元，其余转为营业外支出(相关单据见原始凭证 58)。

(59) 31 日，根据仓库报来的材料出入库计算表，分配原材料费用。其中，生产实木床领用木材1 500 立方米、领用涂料 1 100 桶，生产办公桌领用木材 1 800 立方米、领用涂料 1 200 桶(相关单据见原始凭证 59-1至原始凭证 59-5)。

(60) 31 日，结转分配制造费用，按实木床、办公桌的工时进行分配(相关单据见原始凭证 60)。

(61) 31 日，结转本月完工产品成本。其中，实木床有 200 张完工入库，办公桌有 240 张完工入库(相关单据见原始凭证 61-1 至原始凭证 61-4)。

(62) 31 日，计算并结转本月销售成本(相关单据见原始凭证 62)。

(63) 31 日，计算并结转本月应交增值税、城市维护建设税、教育费附加(相关单据见原始凭证 63)。

(64) 31 日，计算本月应交所得税费用(相关单据见原始凭证 64)。

(65) 31 日，计算并结转本期损益类账户，同时，将“本年利润”账户的余额转入“利润分配——未分配利润”账户(无原始凭证)。

(66) 31 日，提取法定盈余公积，并按净利润 50%向投资者分配现金股利(相关单据见原始凭证 66-1 和原始凭证 66-2)。

(67) 31 日，将“利润分配”各明细分类账户的余额转入“利润分配——未分配利润”明细分类账户(无原始凭证)。

第二节　所附原始凭证

原始凭证 1

中国建设银行
现金支票存根

浙江美织华印制有限公司·2020年印制

附加信息 ______________________

出票日期 2020年 12月 01日

收款人：	浙江皇冠家具有限责任公司
金　额：	¥20 000.00
用　途：	备用金

单位主管　　会计

原始凭证 2

中国建设银行 China Construction Bank 进账单 （收账通知）　1

2020 年 12月01日　　　　第 153 号

出票人	全称	温州万达商场	持票人	全称	浙江皇冠家具有限责任公司
	账号	6227171800000003800		账号	6227181800000003399
	开户银行	建设银行万达分行		开户银行	建设银行滨江支行

人民币（大写）	千	百	十	万	千	百	十	元	角	分
肆拾壹万元整		¥	4	1	0	0	0	0	0	0

票据种类	支票	中国建设银行滨江支行 2020.12.01 办讫
票据张数	1	
单位主管　会计　复核　记账		收款人开户行盖章

此联是持票人开户银行交给持票人的收账通知

原始凭证 3

借　款　单

资金性质 差旅费　　　　2020年12月01日

借款部门	办公室	姓名	刘海	事由	出差重庆		
借款金额（大写）		人民币捌仟元整			（小写）¥8 000.00		
领导审批	皇甫江	财务审批	段振华	财务复核	戴永明	部门审批	刘海
出纳付款		何筱夜		借款人		刘海	

现金付讫

原始凭证 4

中国建设银行借款凭证（回单）

单位编号：　　日期：2020年12月01日　　银行编号：038

借款人	名称	浙江皇冠家具有限责任公司	收款人	名称	浙江皇冠家具有限责任公司
	账号	6227181800000003399		账号	6227181800000003399
	开户银行	建设银行滨江支行		开户银行	建设银行滨江支行

借款期限（最后还款日）	3个月	利率	0.5%	起息日期	2020年12月03日

			千	百	十	万	千	百	十	元	角	分
借款申请金额	人民币（大写）肆拾捌万元整			¥	4	8	0	0	0	0	0	0
借款原因及用途	购材料	银行核定金额		¥	4	8	0	0	0	0	0	0

备注：	期限	还款日期	还款金额
	3个月	2021.03.03	480 000.00
	上述借款业务已同意贷给并转入你单位往来账户，借款到期时应按期归还。（银行盖章）2020年12月01日		

中国建设银行滨江支行 2020.12.01 办讫

原始凭证 5–1

3309255621　　增值税专用发票　　No20987911　　3309255621 20987911

抵扣联

校验码 03672478154294l6

开票日期：2020年12月02日

购买方	名　　称：浙江皇冠家具有限责任公司 纳税人识别号：330123142933996886 地址、电话：杭州市滨江高新技术开发区308号 0571-88900333 开户行及账号：建设银行滨江支行 6227181800000003399	密码区	67/*+3*0/611*++0/+0*/*+3+2/9 *11*+66666**066611*+66666* 1**+216***6000*261*2*4/*547 203994+-42*64151*6915361/3*

货物或应税劳务、服务名称	规格型号	单位	数量	单价	金额	税率	税额
*办公用品*文件夹		个	26	8.00	208.00	13%	27.04
合　　计					¥208.00		¥27.04
价税合计（大写）	⊗贰佰叁拾伍元零肆分				（小写）¥235.04		

销售方	名　　称：海信图文 纳税人识别号：330382716175391332 地址、电话：杭州市滨江高新技术开发区102号 0571-87691328 开户行及账号：建设银行滨江支行 45222356517888263	备注	海信图文 330382716175391332 发票专用章

收款人：　　复核：　　开票人：蔡秀培　　销售方：（章）

国税函〔2020〕257号浙江印钞厂

第二联：抵扣联　购买方抵扣凭证

原始凭证 5–2

3309255621　　**增值税专用发票**　　No20987911　　3309255621 20987911

发票联

校验码 0367247815429416　　开票日期：2020年12月02日

购买方	名称：浙江皇冠家具有限责任公司 纳税人识别号：330123142933996886 地址、电话：杭州市滨江高新技术开发区308号 0571-88900333 开户行及账号：建设银行滨江支行 6227181800000003399			密码区	67/*+3*0/611*++0/+0*/*+3+2/9 *11*+66666**066611*+66666* 1**+216***6000*261*2*4/*547 203994+-42*64151*6915361/3*		
货物或应税劳务、服务名称	规格型号	单位	数量	单价	金额	税率	税额
*办公用品*文件夹		个	26	8.00	208.00	13%	27.04
合计					¥208.00		¥27.04
价税合计（大写）	⊗贰佰叁拾伍元零肆分				（小写）¥235.04		
销售方	名称：海信图文 纳税人识别号：330382716175391332 地址、电话：杭州市滨江高新技术开发区102号 0571-87691328 开户行及账号：建设银行滨江支行 45222356517888263			备注			

收款人：　　复核：　　开票人：禁秀培　　销售方：（章）

国税函［2020］257号浙江印钞厂

第三联：发票联　购买方记账凭证

海信图文 330382716175391332 发票专用章

原始凭证 5–3

报　销　单

填报日期：2020年12月02日　　单据及附件共2张

姓名	曾燕琼	所属部门	行政部	报销形式	转账	
				支票号码		
报销项目		摘要		金额		备注：
办公费		购买文件夹		¥235.04		
合计						
金额大写：零万零仟贰佰叁拾伍元零角肆分				原借款：　元		应退款：　元 应补款：　元

现金付讫

总经理：皇甫江　财务经理：戴永明　会计：　出纳：　部门经理：　领款人：曾燕琼

原始凭证 6–1

中国建设银行

转账支票存根

浙江[illegible]华印刷有限公司 2020 年印制

附加信息

出票日期2020年12月02日

收款人：	光明木材厂
金　额：	¥565 000.00
用　途：	支付货款

单位主管　　　　会计

原始凭证 6–2

3300102140　　**增值税专用发票**　　No03516385　　3300102140 03516385

抵扣联

（全国统一发票监制章 国家税务总局 浙江省税务局）

校验码　6428732854195533　　　　开票日期：2020年12月02日

购买方	名　　　称：浙江皇冠家具有限责任公司 纳税人识别号：330123142933996886 地 址 、 电 话：杭州市滨江高新技术开发区308号　0571-88900333 开户行及账号：建设银行滨江支行　6227181800000003399	密码区	67/*+3*0/611*++0/+0*/*+3+2/9 *11*+66666**066611*+66666* 1**+216***6000*261*2*4/*547 203994+-42*64151*6915361/3*

货物或应税劳务、服务名称	规格型号	单位	数量	单价	金额	税率	税额
*木材		立方米	2500	200.00	500000.00	13%	65000.00
合　计					¥ 500000.00		¥65000.00
价税合计（大写）	⊗伍拾陆万伍仟元整				（小写）¥565000.00		

销售方	名　　　称：光明木材厂 纳税人识别号：330323141324556178 地 址 、 电 话：浙江省乐清市虹桥镇北三村　0577-62861120 开户行及账号：建设银行虹桥支行　6227162756405000331	备注	（光明木材厂 330323141324556178 发票专用章）

收款人：　　　　复核：　　　　开票人：陈思文　　　　销售方：（章）

国税函［2020］257号浙江印钞厂

第二联：抵扣联　购买方抵扣凭证

原始凭证 6-3

3300102140　**增值税专用发票**　No03516385　3300102140　03516385

发票联

校验码　64287328541955 33

开票日期:2020年12月02日

购买方	名　　称：浙江皇冠家具有限责任公司 纳税人识别号：330123142933996886 地址、电话：杭州市滨江高新技术开发区308号 0571-88900333 开户行及账号：建设银行滨江支行 6227181800000003399			密码区	67/*+3*0/611*++0/+0*/*+3+2/9 *11*+66666**066611*+66666* 1**+216***6000*261*2*4/*547 203994+-42*64151*6915361/3*		
货物或应税劳务、服务名称	规格型号	单位	数量	单价	金额	税率	税额
*木材		立方米	2500	200.00	500000.00	13%	65000.00
合　计					￥500000.00		￥65000.00
价税合计（大写）	⊗伍拾陆万伍仟元整				（小写）￥565000.00		
销售方	名　　称：光明木材厂 纳税人识别号：330323141324556178 地址、电话：浙江省乐清市虹桥镇北三村 0577-62861120 开户行及账号：建设银行虹桥支行 6227162756405000331			备注			

收款人：　复核：　开票人：陈思文　销售方：（章）

国税函〔2020〕257号浙江印钞厂

第三联：发票联　购买方记账凭证

原始凭证 6-4

入　库　单　No00257847

送货厂商：光明木材厂

物料类别：☐ 原材料　☐ 成品　☐ 其他　　2020 年12月02日

品名/牌号	订单号	规格	数量	单位	单价	金额
木材			2 500	立方米		

第二联　交财务部

主管：　品管：　仓库：曾燕琼　送货人：

原始凭证 7-1

中国建设银行 China Construction Bank 进账单 （收账通知） 1

2020 年 12 月 04 日　　　　第 002 号

出票人	全称	山西青云公司	持票人	全称	浙江皇冠家具有限责任公司
	账号	6223826366638127286		账号	6227181800000003399
	开户银行	建设银行北城支行		开户银行	建设银行滨江支行

人民币（大写）	千	百	十	万	千	百	十	元	角	分
贰佰叁拾捌万玖仟玖佰伍拾元整	¥	2	3	8	9	9	5	0	0	0

票据种类	支票	
票据张数	1	
单位主管： 会计： 复核： 记账：		持票人开户银行盖章

（印章：中国建设银行滨江支行 2020.12.04 办讫）

此联是持票人开户银行交给持票人的收款通知

原始凭证 7-2

出库单

No 0021482

会计部门编号
仓库部门编号

2020年12月04日

编号	名称	规格	单位	出库数量	单价	金额	备注
1	实木床		张	300			
2	办公桌		张	350			
合计							

生产车间或部门：　　　　仓库管理员：曾燕琼

第二联 交财务部

原始凭证 7-3

1300053140 **增值税专用发票** No02995606

1300053140
02995606

此联不作报销、扣税凭证使用

校验码 03671452198031 21

开票日期：2020年12月04日

购买方	名称：山西青云公司 纳税人识别号：142706029224015639 地址、电话：运城市运万路幸福庄 0359-20220505 开户行及账号：建设银行北城支行 6223826366638127286			密码区	67/*+3*0/611*++0/+0*/*+3+2/9 *11*+66666**066611*+66666* 1**+216***6000*261*2*4/*547 203994+-42*64151*6915361/3*		
货物或应税劳务、服务名称	规格型号	单位	数量	单价	金额	税率	税额
*实木床		张	300	3200.00	960000.00	13%	124800.00
*办公桌		张	350	3300.00	1155000.00	13%	150150.00
合计					¥2115000.00		¥274950.00
价税合计(大写)	贰佰叁拾捌万玖仟玖佰伍拾元整				(小写)¥2389950.00		
销售方	名称：浙江皇冠家具有限责任公司 纳税人识别号：330123142933996886 地址、电话：杭州市滨江高新技术开发区308号 0571-88900333 开户行及账号：建设银行滨江支行 6227181800000003399			备注			

收款人： 复核： 开票人：段振华 销售方：(章)

国税函〔2020〕257号浙江印钞厂

第一联：记账联 销售方记账凭证

原始凭证 8-1

入 库 单 No00257843

送货厂商：宁波北仑涂料厂

物料类别：☐ 原材料 ☐ 成品 ☐ 其他

2020 年 12 月 08 日

品名/牌号	订单号	规格	数量	单位	单价	金额
涂料			2 000	桶		

第二联 交财务部

主管： 品管： 仓库：曾燕琼 送货人：

原始凭证 8-2

3300102280　　**增值税专用发票**　　№13988450　　3300102280 13988450

抵扣联

校验码　5418372135154680　　开票日期：2020年12月08日

购买方	名　　称：浙江皇冠家具有限责任公司 纳税人识别号：330123142933996886 地址、电话：杭州市滨江高新技术开发区308号　0571-88900333 开户行及账号：建设银行滨江支行　6227181800000003399	密码区	67/*+3*0/611*++0/+0*/*+3+2/9 *11*+66666**066611*+66666* 1**+216***6000*261*2*4/*547 203994+-42*64151*6915361/3*

货物或应税劳务、服务名称	规格型号	单位	数量	单价	金额	税率	税额
*涂料		桶	2000	240.00	480000.00	13%	62400.00
合　计					¥480000.00		¥62400.00
价税合计（大写）	⊗伍拾肆万贰仟肆佰元整				（小写）¥542400.00		

销售方	名　　称：宁波北仑涂料厂 纳税人识别号：330305145566031231 地址、电话：浙江省宁波市经济技术开发区滨海四道518号　0574-88690999 开户行及账号：建设银行宁波支行　6227162761056888888	备注	宁波北仑涂料厂 330305145566031231 发票专用章

收款人：　　复核：　　开票人：陈文　　销售方：（章）

国税函〔2020〕257号浙江印钞厂

第二联：抵扣联　购买方抵扣凭证

原始凭证 8-3

3300102280　　**增值税专用发票**　　№13988450　　3300102280 13988450

发票联

校验码　5418372135154680　　开票日期：2020年12月08日

购买方	名　　称：浙江皇冠家具有限责任公司 纳税人识别号：330123142933996886 地址、电话：杭州市滨江高新技术开发区308号　0571-88900333 开户行及账号：建设银行滨江支行　6227181800000003399	密码区	67/*+3*0/611*++0/+0*/*+3+2/9 *11*+66666**066611*+66666* 1**+216***6000*261*2*4/*547 203994+-42*64151*6915361/3*

货物或应税劳务、服务名称	规格型号	单位	数量	单价	金额	税率	税额
*涂料		桶	2000	240.00	480000.00	13%	62400.00
合　计					¥480000.00		¥62400.00
价税合计（大写）	⊗伍拾肆万贰仟肆佰元整				（小写）¥542400.00		

销售方	名　　称：宁波北仑涂料厂 纳税人识别号：330305145566031231 地址、电话：浙江省宁波市经济技术开发区滨海四道518号　0574-88690999 开户行及账号：建设银行宁波支行　6227162761056888888	备注	宁波北仑涂料厂 330305145566031231 发票专用章

收款人：　　复核：　　开票人：陈文　　销售方：（章）

国税函〔2020〕257号浙江印钞厂

第三联：发票联　购买方记账凭证

原始凭证 9–1

2330011211　　**增值税专用发票**　　No07340770　　2330011211 07340770

发票联

校验码　3619278315481698　　　　开票日期：2020年12月05日

购买方	名　　称：浙江皇冠家具有限责任公司 纳税人识别号：330123142933996886 地址、电话：杭州市滨江高新技术开发区308号　0571-88900333 开户行及账号：中国建设银行滨江支行　6227181800000003399			密码区	67/*+3*0/611*++0/+0*/*+3+2/9 *11*+66666**066611*+66666* 1**+216***6000*261*2*4/*547 203994+-42*64151*6915361/3*		
货物或应税劳务、服务名称	规格型号	单位	数量	单价	金额	税率	税额
*生活服务*餐费					504.85	3%	15.15
合　计					¥504.85		¥15.15
价税合计（大写）	⊗伍佰贰拾元整				（小写）¥520.00		
销售方	名　　称：朝军海鲜饭店 纳税人识别号：330323126833261262 地址、电话：杭州市下沙高沙商业广场1809号　0571-83691433 开户行及账号：建设银行高沙支行　6222839277643824864			备注	朝军海鲜饭店 330323126833261262 发票专用章		

收款人：　　　复核：　　　开票人：李朝军　　　销售方：（章）

国税函[2020]257号浙江印钞厂

第三联：发票联　购买方记账凭证

原始凭证 9–2

报　销　单

报销部门：行政部　　　　2020年12月05日　　　　单据及附件共 1 页

用　途	单据	金额	备注	
餐费		520.00		
			财务经理	戴永明
			领导审批	皇甫江
			领款人签字	戴永明
合计人民币：（大写）零 万 零仟伍 佰贰 拾零 元零角 零分　（小写）¥520.00				

现金付讫

原始凭证 10–1

报 销 单

报销部门：销售部门　　　2020 年 12 月 05 日　　　单据及附件共 2 页

用　途	单据	金额	备注	
餐费	1	1050.00		
住宿费	1	170.00	财务经理	戴永明
			领导审批	皇甫江
			领款人签字	陈笑笑
合计人民币：（大写）壹仟贰佰贰拾元整		（小写）¥1 220.00		

现金付讫

原始凭证 10–2

03300190010　**增值税普通发票**　发票联　No 00600791

033001900104
00600791

机器编码：

开票日期：2020年12月05日

购买方	名　　称：浙江皇冠家具有限责任公司 纳税人识别号：330123142933996886 地址、电话：浙江省杭州市滨江高新技术开发区308号 0571-88900333 开户行及账号：中国建设银行滨江支行 6227181800000003399			密码区	67/*+3*0/611*++0/+0*/*+3+2/9 *11*+66666**066611*+66666* 1**+216***6000*261*2*4/*547 203994+-42*64151*6915361/3*		
货物或应税劳务、服务名称	规格型号	单位	数量	单价	金额	税率	税额
*餐饮服务*餐费			1	1019.42	1019.42	3%	30.58
合　计					¥1019.42		¥30.58
价税合计（大写）	⊗壹仟零伍拾元整				（小写）¥1050.00		
销售方	名　　称：杭州余杭区南苑街道大锅小聚餐馆 纳税人识别号：92330110MA2CC56M9Q 地址、电话：浙江省杭州市青年路198号　0571-87691328 开户行及账号：中国建设银行青年路支行　6222301300000006389			备注			

收款人：　　复核：　　开票人：管理员　　销售方：（章）

杭州余杭区南苑街道大锅小聚餐馆 92330110MA20C56M9Q 发票专用章

国税函〔2020〕257号浙江印钞厂

第三联：发票联 购买方记账凭证

原始凭证 10–3

03300180020 **增值税普通发票** №41368252

发票联

033001800204
41368252

机器编码：

开票日期：2019年12月05日

购买方	名称：浙江皇冠家具有限责任公司 纳税人识别号：330123142933996886 地址、电话：浙江省杭州市滨江高新技术开发区308号 0571-88900333 开户行及账号：中国建设银行滨江支行 6227181800000003399			密码区	67/*+3*0/611*++0/+0*/*+3+2/9 *11*+66666**066611*+66666* 1**+216***6000*261*2*4/*547 203994+-42*64151*6915361/3*		
货物或应税劳务、服务名称	规格型号	单位	数量	单价	金额	税率	税额
*住宿服务*住宿费			1	165.05	165.05	3%	4.95
合计					¥165.05		¥4.95
价税合计（大写）	⊗壹佰柒拾元整				（小写）¥170.00		
销售方	名称：杭州乐心酒店有限公司 纳税人识别号：91330110MA2CGU1U2X 地址、电话：浙江省杭州市余杭区南苑街道大街267号 0571-57893737 开户行及账号：中国工商银行南大街支行 6222021000000002660			备注	杭州乐心酒店有限公司 91330110MA2CGU1U2X 发票专用章		

收款人：龚华平 复核：冯飞飞 开票人：丁丽丽 销售方：（章）

国税函（2020）257号浙江印刷厂

第三联：发票联 购买方记账凭证

原始凭证 11

浙江省罚没款专用收据

2020年12月05日

当事人 浙江皇冠家具有限责任公司
罚没事由（处罚决定书号） 企业排污水超标（JH20191205）
罚款金额 ¥100 000.00
加收罚没款金额
合计：¥100 000.00
合计金额（大写）壹拾万元整
备注：环保罚款
个人不准报销，单位不准进成本

杭州市环保局 2020.12.05 业务清讫 1

印章： 负责人： 收款人：陈聪

第三联 收据

原始凭证 12-1

3302232131 **增值税普通发票** No05151341

3302232131
05151341

发票联

机器编码：

开票日期：2020年12月05日

购买方	名称：浙江皇冠家具有限责任公司 纳税人识别号：330123142933996886 地址、电话：浙江省杭州市滨江高新技术开发区308号 0571-88900333 开户行及账号：中国建设银行滨江支行 6227181800000003399			密码区	67/*+3*0/611*++0/+0*/*+3+2/9 *11*+66666**066611*+66666* 1**+216***6000*261*2*4/*547 203994+-42*64151*6915361/3*		
货物或应税劳务、服务名称	规格型号	单位	数量	单价	金额	税率	税额
*水果*荔枝干		袋	30	174.757333	5242.72	3%	157.28
合计					¥5242.72		¥157.28
价税合计（大写）	伍仟肆佰元整				（小写）¥5400.00		
销售方	名称：杭州亮晶晶水果超市 纳税人识别号：91240216132487469D 地址、电话：浙江省杭州市新建路630号 057-86791239 开户行及账号：中国农业银行新建路支行 6228480020895476188			备注	杭州亮晶晶水果超市 91240216132487469D 发票专用章		

收款人：刘星 复核： 开票人：胡天 销售方：（章）

国税函(2020) 257号浙江印钞厂

第三联：发票联 购买方记账凭证

原始凭证 12-2

浙江皇冠家具有限公司12月职工福利发放表

工号	所属部门	姓名	发放金额	已领签名
1	行政部	皇甫江	180.00	皇甫江
2		戴永明	180.00	戴永明
3		段振华	180.00	段振华
4		何筱夜	180.00	何筱夜
5		曾燕琼	180.00	曾燕琼
6	销售部	陈笑笑	180.00	陈笑笑
7		吴靓	180.00	吴靓
8	车间管理部	宁伟	180.00	宁伟
9		郝丽丽	180.00	郝丽丽
10	生产部	汤晓丽	180.00	汤晓丽
11		张晶晶	180.00	张晶晶
12		李和平	180.00	李和平
13		冯志满	180.00	冯志满
14		张晓斌	180.00	张晓斌
15		邓坤	180.00	邓坤
16		林化	180.00	林化
17		朱海燕	180.00	朱海燕
18		末军	180.00	末军
19		林明	180.00	林明
20		李小益	180.00	李小益
21		李七星	180.00	李七星
22		林小龙	180.00	林小龙
23		范书徐	180.00	范书徐
24		李月	180.00	李月
25		黄婷婷	180.00	黄婷婷
26		李翩芳	180.00	李翩芳
27		陈胜	180.00	陈胜
28		陈耀华	180.00	陈耀华
29		李丽芳	180.00	李丽芳
30		于多多	180.00	于多多
合计			¥5 400.00	

原始凭证 12–3

报销单

填报日期：2020 年12月05日　　　　单据及附件共2张

姓名	曾燕琼	所属部门	行政部	报销形式	
				支票号码	
报销项目		摘要		金额	备注：
福利费		12月员工福利		5 400.00	
		现金付讫			
合计				¥5 400.00	
金额大写： 零 万 伍 仟 肆 佰 零 拾 零 元 零 角 零 分				原借款： 元	应退款： 元 应补款： 元

总经理：皇莆江　财务经理：戴永明　会计：　出纳：　部门经理：　领款人：曾燕琼

原始凭证 13–1

3302192130　　增值税普通发票　　No04151430　　3302192130 04151430

发票联

机器编码：

开票日期：2020年12月05日

购买方	名　　称：浙江皇冠家具有限责任公司 纳税人识别号：330123142933996886 地址、电话：浙江省杭州市滨江高新技术开发区308号 0571-88900333 开户行及账号：中国建设银行滨江支行 6227181800000003399				密码区	67/*+3*0/611*++0/+0*/*+3+2/9 *11*+66666**066611*+66666* 1**+216***6000*261*2*4/*547 203994+-42*64151*6915361/3*	
货物或应税劳务、服务名称	规格型号	单位	数量	单价	金额	税率	税额
*汽油*92*车用汽油					2920.35	13%	379.65
合　计					¥2920.35		¥379.65
价税合计（大写）	⊗叁仟叁佰元整				（小写）¥3300.00		
销售方	名　　称：宁波市鄞州石油化工销售有限公司 纳税人识别号：91330212144487559F 地址、电话：宁波市鄞州区潘火街道启明路818号7幢50号 0574-87881472 开户行及账号：农行宁波鄞州分行 39402001040000210				备注	宁波市鄞州石油化工销售有限公司 91330212144487559F 发票专用章	

收款人：王来凤　复核：魏夏雨　开票人：胡非　销售方：（章）

第三联：发票联　购买方记账凭证

国税函〔2020〕257号浙江印钞厂

原始凭证 13–2

报销单

填报日期：2020 年12月05日　　　　单据及附件共1张

姓名	陈笑笑	所属部门	销售部	报销形式	现金	
				支票号码		
报销项目		摘要		金额	备注：	
运输费		销售产品运输费		3 300.00		
		现金付讫				
合计				3 300.00		
金额大写：	零万叁仟叁佰零拾零元零角零分			原借款：　　元	应退款：　　元	
					应补款：　　元	

总经理：皇甫江　财务经理：戴永明　会计：　出纳：　部门经理：　领款人：陈笑笑

原始凭证 14

中国建设银行 China Construction Bank 进账单（收账通知）　　1

2020 年 12 月 06 日　　　　第 008 号

出票人	全称	文海商场	持票人	全称	浙江皇冠家具有限责任公司
	账号	6227202000000002278		账号	6227181800000003399
	开户银行	建设银行青年路支行		开户银行	建设银行滨江支行

人民币（大写）壹拾万元整	千	百	十	万	千	百	十	元	角	分
		¥	1	0	0	0	0	0	0	0

票据种类	支票
票据张数	1
单位主管：　会计：　复核：　记账：	持票人开户银行盖章（中国建设银行滨江支行 2020.12.06 办讫）

此联是持票人开户银行交给持票人的收款通知

原始凭证 15–1

收款凭证

2020 年 12 月 08 日

收到	办公室　刘海						
收款事由	交回多余差旅费借款						
金额	万	千	百	十	元	角	分
	¥	1	4	9	2	0	0

人民币：壹仟肆佰玖拾贰元整

出纳：何莜夜　　　　经手人：刘海

原始凭证 15–2

差旅费报销单

附件：5张　　　　2020 年 12 月 08 日

出差人	刘海		共1人	职务		办公室主任	审批人	皇甫江
出差事由	会议		出差日期		自2020年12月01日			
到达地点	重庆				至2020年12月07日，共7天			
项目	交通工具			其他		住宿费	出差补贴	
金额	火车	汽车	飞机	餐饮费	会议费	住宿6天	天数	金额
		110.00	1 680.00	657.20	1 060.00	2 510.80	7天	490.00
总计人民币（大写）陆仟伍佰零捌元整						(小写)¥6 508.00		
原借款金额	报销金额		交结余或超支金额 ¥1 492.00					
8 000.00	6 508.00		人民币（大写）壹仟肆佰玖拾贰元整					

会计主管　戴永明　　　　会计　段振华　　　　出纳员　何筱夜

原始凭证 15–3

杭州海博出租汽车有限公司

（印章：全国统一发票监制章 杭州市（1） 地方税务局监制）

TAXI

车费发票

FARE RECEIPT

发票代码：231001010115

发票号码：82023947

企业法人营业执照

注册号：3300001000394

国税

浙字

叫车电话：96933

监督电话：61132828

公司地址：宜山路 829 号

（印章：杭州海博出租汽车有限公司 330115132210659 发票专用章）

手写无效

车号	970-69·869032
证号	253819
日期	2020.12.01
上/下车	5:20-6:33
单价（元）	2.50
里程（KM）	22.0
等候	00:00.01
[redacted] 路桥费（元）	----------------
总金额（元）	55.00

卡号

原/余额 伊诺尔印务 2020.10 印 20万卷（1000X1）#70000001-90000000

存

根

原始凭证 15–4

杭州海博出租汽车有限公司

TAXI

车费发票

FARE RECEIPT

发票代码：231001010115

发票号码：83633459

企业法人营业执照

注册号：3300001000394

国税

浙字

叫车电话：96933

监督电话：61132828

公司地址：宜山路 829 号

手写无效

车号	970-69•869032
证号	253819
日期	2020. 12. 07
上/下车	11:15-12:25
单价（元）	2.50
里程（KM）	22.0
等候	00:01.03
[redacted] 路桥费（元）	....
总金额（元）	55.00

卡号

原/余额 萝诺尔印务 2020.10 印 20 万卷（1000X1）#70000001-90000000

存

根

（印章：全国统一发票监制章 杭州市（1） 地方税务局监制）

（印章：杭州海博出租汽车有限公司 330115132210659 发票专用章）

原始凭证 15–5

航空运输电子客票行程单

INTINERARY/RECEIPT OF E-TICKET FOR AIR TRANSPORT

印刷序号：9284921473
SERIAL NUMER

旅客姓名 NAME OF PASSENGER	有效身份证件号码 ID. No	签注 ENDORSEMENTS/RFSTRI(TIONSICARBON)
刘海	330323197104132412	不得签转

	承运人 CARRIER	航班号 FLIGHT	座位等级 CLASS	日期 DATE	时间 TIME	客票级别/客票类别 FARE DASIS	客票生效日期 NOTVALID BEFORE	有效截止日期 MOT VALID AFIER	免费行李 ALLOW
自 FROM 杭州 至 TO 重庆 至 TO 至 TO 至 TO	SC	4896 VOLD	K	01DEC	10：30				20K

票价 FARE	机场建设费 AIRPORI TAX	燃油附加费 FUEL SLRCHARGE	其他税费 OTHER ATXES	合计 TOTAL
CNY 690.00	CN50.00	70. 00		CNY810.00

电子客票号码 E-TICKEINO	验证码 CK.	提示信息 INFORATION	保险费 INSURANCE
3241770685433	3242		

销售单位代号 AGENT CODE	填开单位 ISSUED BY	填开日期 DATE OF ISSUE
FEK88	中国民航信息中心	2020-12-01

（印章：全国统一发票监制章 地方税务局监制）

（印章：中国民航电子客票行程单 发票专用章）

原始凭证 15–6

航空运输电子客票行程单
INTINERARY/RECEIPT OF E-TICKET
FOR AIR TRANSPORT

印刷序号: 9289021486
SERIAL NUMER

旅客姓名 NAME OF PASSENGER	有效身份证件号码 ID. NO.	签注 ENDORSEMENTS/RFSTRI(TIONSICARBON)
刘海	330323197104132412	不得签转

	承运人 CARRIER	航班号 FLIGHT	座位等级 CLASS	日期 DATE	时间 TIME	客票级别/客票类别 FARE DASIS	客票生效日期 NOTVALID BEFORE	有效截止日期 MOT VALID AFIER	免费行李 ALLOW
自 FROM 重庆	SC	3657	K	07DEC	16: 30	Y60			20K
至 TO 杭州		VOID							
至 TO									
至 TO									
至 TO	票价 FARE CNY 750.00		机场建设费 AIRPORT TAX CN50.00		燃油附加费 FUEL SLRCHARGE 70.00		其他税费 OTHER ATXES	合计 TOTAL CNY870.00	

电子客票号码 E-TICKEINO	3241774385188	验证码 CK.	4390	提示信息 INFORATION	保险费 INSURANCE
销售单位代号 AGENT CODE	FEK88	填开单位 ISSUED BY	中国民航信息中心	填开日期 DATE OF ISSUE	2020-12-07

原始凭证 15–7

2100043760　　增值税专用发票　　No06408007　　2100043760 06408007

发票联

校验码 14570210 07801480　　　　开票日期: 2020年12月07日

购买方	名　　称: 浙江皇冠家具有限责任公司 纳税人识别号: 330123142933996886 地址、电话: 杭州市滨江高新技术开发区308号 0571-88900333 开户行及账号: 建设银行滨江支行 6227181800000003399	密码区	67/*+3*0/611*++0/+0*/*+3+2/9 *11*+66666**066611*+66666* 1**+216***6000*261*2*4/*547 203994+-42*64151*6915361/3*

货物或应税劳务、服务名称	规格型号	单位	数量	单价	金额	税率	税额
*生活服务*餐费					620.00	6%	37.20
合　计					¥620.00		¥37.20
价税合计(大写)	⊗陆佰伍拾柒元贰角整				(小写)¥657.20		

销售方	名　　称: 芙蓉宾馆 纳税人识别号: 301200023077363266 地址、电话: 重庆市霞浦路282号 023-87691423 开户行及账号: 建设银行霞浦支行 6222887739173782382	备注	芙蓉宾馆 301200023077363266 发票专用章

收款人:　　复核:　　开票人: 刘刚　　销售方:(章)

国税函[2020]257号浙江印钞厂

第三联: 发票联 购买方记账凭证

原始凭证 15-8

2100043760

增值税专用发票

全国统一发票监制章 国家税务总局 浙江省税务局

抵扣联

No00980021

2100043760
00980021

校验码 3216547893132640

开票日期：2020年12月07日

购买方	名称：浙江皇冠家具有限责任公司 纳税人识别号：330123142933996886 地址、电话：杭州市滨江高新技术开发区308号 0571-88900333 开户行及账号：建设银行滨江支行 6227181800000003399			密码区	67/*+3*0/611*++0/+0*/*+3+2/9 *11*+66666**066611*+66666* 1**+216***6000*261*2*4/*547 203994+-42*64151*6915361/3*		
货物或应税劳务、服务名称	规格型号	单位	数量	单价	金额	税率	税额
*生活服务*住宿费			1	2368.68	2368.68	6%	142.12
*生活服务*会议费			1	1000.00	1000.00	6%	60.00
合 计					¥3 368.68		¥202.12
价税合计（大写）	⊗叁仟伍佰柒拾元捌角整				（小写）¥3570.80		
销售方	名称：芙蓉宾馆 纳税人识别号：301200023077363169 地址、电话：重庆是霞浦路282号 023-87691423 开户行及账号：建设市行霞浦支行 2887739173782382			备注	芙蓉宾馆 301200023077363169 发票专用章		

收款人： 复核： 开票人：刘刚 销售方：（章）

国税函[2020]257号浙江印钞厂

第二联：抵扣联 购买方抵扣凭证

原始凭证 15-9

2100043760

增值税专用发票

全国统一发票监制章 国家税务总局 浙江省税务局

发票联

No00980021

2100043760
00980021

校验码 3216547893132640

开票日期：2020年12月07日

购买方	名称：浙江皇冠家具有限责任公司 纳税人识别号：330123142933996886 地址、电话：杭州市滨江高新技术开发区308号 0571-88900333 开户行及账号：建设银行滨江支行 6227181800000003399			密码区	67/*+3*0/611*++0/+0*/*+3+2/9 *11*+66666**066611*+66666* 1**+216***6000*261*2*4/*547 203994+-42*64151*6915361/3*		
货物或应税劳务、服务名称	规格型号	单位	数量	单价	金额	税率	税额
*生活服务*住宿费			1	2368.68	2368.68	6%	142.12
*生活服务*会议费			1	1000.00	1000.00	6%	60.00
合 计					¥3368.68		¥202.12
价税合计（大写）	⊗叁仟伍佰柒拾元捌角整				（小写）¥3570.80		
销售方	名称：芙蓉宾馆 纳税人识别号：301200023077363169 地址、电话：重庆是霞浦路282号 023-87691423 开户行及账号：建设市行霞浦支行 2887739173782382			备注	芙蓉宾馆 301200023077363169 发票专用章		

收款人： 复核： 开票人：刘刚 销售方：（章）

国税函[2020]257号浙江印钞厂

第三联：发票联 购买方记账凭证

原始凭证 16-1

3309092800　**增值税专用发票**　No09809345　3309092800 09809345

抵扣联

校验码　32101450546814971　开票日期：2020年12月04日

购买方	名称：浙江皇冠家具有限责任公司 纳税人识别号：330123142933996886 地址、电话：杭州市滨江高新技术开发区308号　0571-88900333 开户行及账号：建设银行滨江支行　6227181800000003399			密码区	67/*+3*0/611*++0/+0*/*+3+2/9 *11*+66666**066611*+66666* 1**+216***6000*261*2*4/*547 203994+-42*64151*6915361/3*		
货物或应税劳务、服务名称	规格型号	单位	数量	单价	金额	税率	税额
*劳务*加工费			1	100000.00	100000.00	13%	13000.00
合　计					¥100000.00		¥13000.00
价税合计（大写）	⊗壹拾壹万叁仟元整				（小写）¥113000.00		
销售方	名称：宜家家居有限公司 纳税人识别号：320923772944007032 地址、电话：上海市宝山区东环南路1189号　400-800-2345 开户行及账号：建设银行宝山支行　6223897653902711781			备注	宜家家居有限公司 320923772944007032 发票专用章		

收款人：　复核：　开票人：王红　销售方：（章）

国税函〔2020〕257号浙江印钞厂

第二联：抵扣联　购买方抵扣凭证

原始凭证 16-2

3309092800　**增值税专用发票**　No09809345　3309092800 09809345

发票联

校验码　32101450546814971　开票日期：2020年12月04日

购买方	名称：浙江皇冠家具有限责任公司 纳税人识别号：330123142933996886 地址、电话：杭州市滨江高新技术开发区308号　0571-88900333 开户行及账号：建设银行滨江支行　6227181800000003399			密码区	67/*+3*0/611*++0/+0*/*+3+2/9 *11*+66666**066611*+66666* 1**+216***6000*261*2*4/*547 203994+-42*64151*6915361/3*		
货物或应税劳务、服务名称	规格型号	单位	数量	单价	金额	税率	税额
*劳务*加工费			1	100000.00	100000.00	13%	13000.00
合　计					¥100000.00		¥13000.00
价税合计（大写）	⊗壹拾壹万叁仟元整				（小写）¥113000.00		
销售方	名称：宜家家居有限公司 纳税人识别号：320923772944007032 地址、电话：上海市宝山区东环南路1189号　400-800-2345 开户行及账号：建设银行宝山支行　6223897653902711781			备注	宜家家居有限公司 320923772944007032 发票专用章		

收款人：　复核：　开票人：王红　销售方：（章）

国税函〔2020〕257号浙江印钞厂

第三联：发票联　购买方记账凭证

原始凭证 16–3

3309092801 **增值税专用发票** No09819346 3309092801 09809346

全国统一发票监制章 国家税务总局 浙江省税务局

抵扣联

校验码 0652321254182098 开票日期：2020年12月04日

购买方
名 称：浙江皇冠家具有限责任公司
纳税人识别号：330123142933996886
地址、电话：杭州市滨江高新技术开发区308号 0571-88900333
开户行及账号：建设银行滨江支行 6227181800000003399

密码区
67/*+3*0/611*++0/+0*/*+3+2/9
11+66666**066611*+66666*
1**+216***6000*261*2*4/*547
203994+-42*64151*6915361/3*

货物或应税劳务、服务名称	规格型号	单位	数量	单价	金额	税率	税额
*交通运输*运费			1	2000.00	2000.00	9%	180.00
合 计					¥2000.00		¥180.00
价税合计（大写）	⊗贰仟壹佰捌拾元整				（小写）¥2 180.00		

销售方
名 称：龙翔物流
纳税人识别号：345897512465821647
地址、电话：浙江省杭州市下沙区经济技术开发区1209号 0571-87665421
开户行及账号：建设银行下沙支行 6288873339092347548

备注：龙翔物流 345897512465821647 发票专用章

收款人： 复核： 开票人：王红 销售方：（章）

国税函〔2020〕257号浙江印钞厂

第二联：抵扣联 购买方抵扣凭证

原始凭证 16–4

3309092801 **增值税专用发票** No09819346 3309092801 09809346

全国统一发票监制章 国家税务总局 浙江省税务局

发票联

校验码 0652321254182098 开票日期：2020年12月04日

购买方
名 称：浙江皇冠家具有限责任公司
纳税人识别号：330123142933996886
地址、电话：杭州市滨江高新技术开发区308号 0571-88900333
开户行及账号：建设银行滨江支行 6227181800000003399

密码区
67/*+3*0/611*++0/+0*/*+3+2/9
11+66666**066611*+66666*
1**+216***6000*261*2*4/*547
203994+-42*64151*6915361/3*

货物或应税劳务、服务名称	规格型号	单位	数量	单价	金额	税率	税额
*交通运输*运费			1	2000.00	2000.00	9%	180.00
合 计					¥2000.00		¥180.00
价税合计（大写）	⊗贰仟壹佰捌拾元整				（小写）¥2180.00		

销售方
名 称：龙翔物流
纳税人识别号：345897512465821647
地址、电话：浙江省杭州市下沙区经济技术开发区1209号 0571-87665421
开户行及账号：建设银行下沙支行 6288873339092347548

备注：龙翔物流 345897512465821647 发票专用章

收款人： 复核： 开票人：王红 销售方：（章）

国税函〔2020〕257号浙江印钞厂

第三联：发票联 购买方记账凭证

原始凭证 16–5

出　库　单　No 334523

会计部门编号
仓库部门编号

2020 年 12 月 04 日

编号	名称	规格	单位	出库数量	单价	金额	备注
1	木材		立方米	1 800		350 000.00	
	合　计			1 800			

第二联　交财务部

生产车间或部门:　　　　仓库管理员：曾燕琼

原始凭证 16–6

出　库　单　No 334524

会计部门编号
仓库部门编号

2020 年 12 月 04 日

编号	名称	规格	单位	出库数量	单价	金额	备注
1	涂料		桶	1 200		299 400.00	
	合　计			1 200			

第二联　交财务部

生产车间或部门:　　　　仓库管理员：曾燕琼

原始凭证 16–7

中国建设银行　电汇凭证（回单）1

☑ 普通 ☐ 加急　　　　委托日期：2020 年 12 月 04 日

汇款人	全称	浙江皇冠家具有限责任公司	收款人	全称	宜家家居有限公司
	账号	6227181800000003399		账号	6223897653902711781
	汇出地点	浙江 省 杭州 市/县		汇入地点	省 上海 市/县
汇出行名称		建设银行滨江支行	汇入行名称		建设银行宝山支行

金额	亿	千	百	十	万	千	百	十	元	角	分
壹拾壹万叁仟元整			¥	1	1	3	0	0	0	0	0

中国建设银行滨江支行 2020.12.04 办讫

汇出行总章

支付密码：

附加信息及用途：

复核：　　　　记账：

此联汇出行给汇款人的回单

原始凭证 16-8

中国建设银行 电汇凭证（回单）1

☑普通 ☐加急　　委托日期：2020年12月04日

汇款人	全称	浙江皇冠家具有限责任公司	收款人	全称	龙翔物流
	账号	6227181800000003399		账号	6288873339092347548
	汇出地点	浙江省杭州市/县		汇入地点	浙江省杭州市/县
汇出行名称		建设银行滨江支行	汇入行名称		建设银行支行
金额		贰仟壹佰捌拾元整			

亿	千	百	十	万	千	百	十	元	角	分
				¥	2	1	8	0	0	0

汇出行签章	支付密码
	附加信息及用途：
	复核：　　记账：

中国建设银行滨江支行 2020.12.04 办讫

此联汇出行给汇款人的回单

原始凭证 17-1

中国建设银行 China Construction Bank 进账单（收账通知）1

2020年12月08日　　第012号

出票人	全　称	峰川机械厂	持票人	全　称	浙江皇冠家具有限责任公司
	账　号	6227302000000006688		账　号	6227181800000003399
	开户银行	建设银行开发区支行		开户银行	建设银行滨江支行
人民币（大写）陆仟伍佰元整					
票据种类	支票				
票据张数	1				
单位主管：　会计：　复核：　记账：			持票人开户银行盖章		

千	百	十	万	千	百	十	元	角	分
			¥	6	5	0	0	0	0

中国建设银行滨江支行 2020.12.08 办讫

此联是持票人开户银行交给持票人的收款通知

原始凭证 17–2

固定资产报废单

金额单位：元

使用部门	生产车间	名称及型号	钻床
数量	1台	原值	71 700.00
预计使用寿命	10年	实际使用月数	31个月
已计提折旧	17 596.38	净值	54 103.62
支付清理费用	0	收回变价收入	6 500.00
申请人	郝丽丽	报废日期	2020.12.08
申请报废理由	报废出售		

原始凭证 17–3

1300053140

增值税专用发票

No13988450

1300051340
13988450

此联不作报销、扣税凭证使用

校验码 43101420291854O9

开票日期：2020年12月08日

国税函〔2020〕257号浙江印钞厂

购买方	名称：嵊川机械厂 纳税人识别号：330306258866041663 地址、电话：浙江省杭州市经济开发区滨海大道600号 0571-84230596 开户行及账号：建设银行开发区支行 6227302000000006688			密码区	67/*+3*0/611*++0/+0*/*+3+2/9 *11*+66666**066611*+66666* 1**+216***6000*261*2*4/*547 203994+-42*64151*6915361/3*		
货物或应税劳务、服务名称	规格型号	单位	数量	单价	金额	税率	税额
*钻床		台	1	5752.21	5752.21	13%	747.79
合计					¥5752.21		¥747.79
价税合计（大写）	⊗陆仟伍佰元整				（小写）¥6500.00		
销售方	名称：浙江皇冠家具有限责任公司 纳税人识别号：330123142933996886 地址、电话：杭州市滨江高新技术开发区308号 0571-88900333 开户行及账号：建设银行滨江支行 6227181800000003399			备注			

第一联：记账联 销售方记账凭证

收款人： 复核： 开票人：张三 销售方：（章）

原始凭证 18-1

1330310608　　**增值税专用发票**　　№00162191　　1330310608 00162191

发票联

校验码 6333176753124580　　开票日期：2020年12月09日

购买方	名称：浙江皇冠家具有限责任公司 纳税人识别号：330123142933996886 地址、电话：杭州市滨江高新技术开发区308号 0571-88900333 开户行及账号：建设银行滨江支行 6227181800000003399			密码区	67/*+3*0/611*++0/+0*/*+3+2/9 *11*+66666**066611*+66666* 1**+216***6000*261*2*4/*547 203994+-42*64151*6915361/3*		
货物或应税劳务、服务名称	规格型号	单位	数量	单价	金额	税率	税额
*报刊杂志			1	623.85	623.85	9%	56.15
合计					¥623.85		¥56.15
价税合计（大写）	⊗陆佰捌拾元整				（小写）¥680.00		
销售方	名称：浙江日报 纳税人识别号：330303427696031232 地址、电话：浙江省杭州市下城区体育场路178号 0571-85310113 开户行及账号：建设银行下城区支行 6222021037681498233			备注	浙江日报 330303427696031232 发票专用章		

收款人：　　复核：　　开票人：刘洋　　销售方：（章）

国税函〔2020〕257号浙江印钞厂

第三联：发票联　购买方记账凭证

原始凭证 18-2

报销单

报销部门：行政部　　2020年12月09日　　单据及附件共 1 页

用途	单据	金额	备注	现金付讫
报刊费	1	680.00		
			财务经理	戴永明
			领导审批	皇甫江
			领款人签字	
合计人民币（大写）零万零仟陆佰捌拾零元零角零分			（小写）¥680.00	

原始凭证 19–1

中国建设银行 China Construction Bank　**电汇凭证**　（回单）　No 0302617281

委托日期 2020年12月09日　　第4号

汇款人	全称	浙江皇冠家具有限责任公司		收款人	全称	春意展览公司		
	账号或地址	6227181800000003399			账号或地址	6226279777939031233		
	汇出地点	杭州市	汇出行名称：建设银行滨江支行		汇出地点	萧山市	汇出行名称	萧山支行

人民币（大写）肆仟贰佰元整	千	百	十	万	千	百	十	元	角	分
				¥	4	2	0	0	0	0

汇款用途：会展费

上列款项已根据委托办理，如需查询，请持此回单来行面洽。

单位主管　　会计　　出纳　　记账　　（汇出行盖章）

（印章：中国建设银行滨江支行 2020.12.09 办讫）

此联是汇出行给汇款人的回单

原始凭证 19–2

费用支出报销凭证

（原始凭证黏贴处）	
	付款方式：现金 日　　期：2020年12月09日
	原始凭证共计 7 张
	金额合计（人民币大写金额）肆佰玖拾元整 （小写：¥490.00）
	费用项目
	开支理由及用途：参加工业品展销会交通费与餐费等

批准：皇甫江　　会计：段振华　　出纳：何薇薇　　经手人：于静

原始凭证 19-3

8330310708　　增值税专用发票　　No00062291　　8330310708 00062291

抵扣联

校验码　06802140543321 58

开票日期：2020年12月09日

国税函〔2020〕257号浙江印钞厂

购买方	名　　称：浙江皇冠家具有限责任公司 纳税人识别号：330123142933996886 地址、电话：杭州市滨江高新技术开发区308号　0571-88900333 开户行及账号：建设银行滨江支行　6227181800000003399			密码区	67/*+3*0/611*++0/+0*/*+3+2/9 *11*+66666**066611*+66666* 1**+216***6000*261*2*4/*547 203994+-42*64151*6915361/3*		
货物或应税劳务、服务名称	规格型号	单位	数量	单价	金额	税率	税额
*会展费			1	3962.26	3962.26	6%	237.74
合　计					¥3962.26		¥237.74
价税合计（大写）	⊗肆仟贰佰元整				（小写）¥4200.00		
销售方	名　　称：春意展览公司 纳税人识别号：330805525176090100 地址、电话：浙江省萧山市航天大道1907号　0571-86236323 开户行及账号：建设银行萧山支行　6226279777939031233			备注	春意展览公司 330805525176090100 发票专用章		

收款人：　　复核：　　开票人：王栋　　销售方：（章）

第二联：抵扣联　购买方抵扣凭证

原始凭证 19-4

8330310708　　增值税专用发票　　No00062291　　8330310708 00062291

发票联

校验码　06802140543321 58

开票日期：2020年12月09日

国税函〔2020〕257号浙江印钞厂

购买方	名　　称：浙江皇冠家具有限责任公司 纳税人识别号：330123142933996886 地址、电话：杭州市滨江高新技术开发区308号　0571-88900333 开户行及账号：建设银行滨江支行　6227181800000003399			密码区	67/*+3*0/611*++0/+0*/*+3+2/9 *11*+66666**066611*+66666* 1**+216***6000*261*2*4/*547 203994+-42*64151*6915361/3*		
货物或应税劳务、服务名称	规格型号	单位	数量	单价	金额	税率	税额
*会展费			1	3962.26	3962.26	6%	237.74
合　计					¥3962.26		¥237.74
价税合计（大写）	⊗肆仟贰佰元整				（小写）¥4200.00		
销售方	名　　称：春意展览公司 纳税人识别号：330805525176090100 地址、电话：浙江省萧山市航天大道1907号　0571-86236323 开户行及账号：建设银行萧山支行　6226279777939031233			备注	春意展览公司 330805525176090100 发票专用章		

收款人：　　复核：　　开票人：王栋　　销售方：（章）

第三联：发票联　购买方记账凭证

原始凭证 19-5

3332093212 **增值税普通发票** No34435633

3332093212
34435633

发票联

校验码 0360179024581243

开票日期：2020年12月09日

购买方	名称：浙江皇冠家具有限责任公司 纳税人识别号：330123142933996886 地址、电话：杭州市滨江高新技术开发区308号 0571-88900333 开户行及账号：建设银行滨江支行 6227181800000003399	密码区	67/*+3*0/611*++0/+0*/*+3+2/9 *11*+66666**066611*+66666* 1**+216***6000*261*2*4/*547 203994+-42*64151*6915361/3*

货物或应税劳务、服务名称	规格型号	单位	数量	单价	金额	税率	税额
*生活服务*餐费			1	424.53	424.53	6%	25.47
合计					¥424.53		¥25.47
价税合计（大写）	⊗肆佰伍拾元整				（小写）¥450.00		

销售方	名称：甬上人家 纳税人识别号：893002321414490363 地址、电话：浙江省萧山市解放南路89号 0571-86231323 开户行及账号：建设银行萧山支行 6223284329843254235	备注	（印章：甬上人家 893002321414490363 发票专用章）

收款人： 复核： 开票人：王菊 销售方：（章）

第三联：发票联 购买方记账凭证

国税函〔2020〕257号浙江印钞厂

原始凭证 19-6

浙江 [illegible] 通用机打

发票联

发票代码：89032480235425

发票号码：88903434

物价监督电话：
96520
42358

（印章：XXX外事旅游汽车公司 330193143035972 发票专用章）

投诉电话
85456128

[redacted]

手写无效

车号 浙A99028
证号
日期 2020-12-09
上车 12：00
下车 12：28
单价 2.5
里程 16
[redacted]
等候 00:00:09
金额 40.00

七号

原额
余额

地税印110622x11.05x3000000份x1联
豪波印务有限公司承印

原始凭证 20–1

中国建设银行电子缴税付款凭证

转账日期：2020年12月09日　　　　凭证字号：01385269

纳税人全称及纳税人识别号：浙江皇冠家具有限责任公司330123142933996

付款人全称：浙江皇冠家具有限责任公司

付款人账号：6227181800000003399　　　　征收机关名称：国家税务总局杭州市税务局

付款人开户银行：中国建设银行滨江支行　　　　收款国库(银行)名称：杭州市国库

小写(合计金额)：RMB16 390.00　　　　缴款书交易流水号：20201209369191

大写(合计金额)：人民币壹万陆仟叁佰玖拾元整　　　　税票号码：330011000820243509

税、费税号：

税款属期：2020.11.01~2020.11.30

税(费)种名称　　　　实缴金额

增值税　　　　16 390.00

中国建设银行滨江支行 2020.12.09 办讫

第1次打印　　　　打印日期：2020-12-09

第二联作付款回单(无银行收讫章无效)　　复核　　记账

原始凭证 20–2

电子缴税付款凭证

征收机关：国家税务总局杭州市税务局　　　　转账日期：2020 年 12 月 10 日

纳税人名称	浙江皇冠家具有限责任公司		
纳税人识别号	33012314293399686	收款国库（银行）名称	滨江区支库
付款人全称	浙江皇冠家具有限责任公司		
付款人账号	6227181800000003399	付款人开户银行	建设银行滨江支行

税（费）种名称	税款所属期	实缴金额
城市维护建设税——大城市	2020.11.01~2020.11.30	1 147.30
教育费附加——教育费附加收入	2020.11.01~2020.11.30	491.70
医疗保险费——基本医疗保险费	2020.11.01~2020.11.30	5 288.85
失业保险费——企业交纳	2020.11.01~2020.11.30	919.80
工伤保险费——企业单位交纳	2020.11.01~2020.11.30	229.95
生育保险费——企业单位交纳	2020.11.01~2020.11.30	367.92
养老保险费——企业交纳	2020.11.01~2020.11.30	6 438.60
地方教育附加——地方教育附加	2020.11.01~2020.11.30	327.80
印花税——购销合同	2020.11.01~2020.11.30	1 170.00
金额合计（大写）壹万陆仟叁佰捌拾壹元玖角贰分	（小写）¥16 381.92	

本付款凭证与银行对账单付款记录一致方才有效	上述款项已扣缴，请与银行对账单核对一致
国家税务总局杭州市税务局 委托银行扣款专用章 征收机关（章）	建设银行股份有限公司杭州分行 电子扣款转讫专用章 扣款单位（章）

打印密码：CRJSE-NGQJJ-ABCDE-OP5IK-VJICN-KTGHJ-ABIDH-IG50P

打印日期：2020 年 12 月 10 日

原始凭证 20-3

电子缴税付款凭证

征收机关：国家税务总局杭州市税务局　　　　转账日期：2020 年 12 月 10 日

纳税人名称	浙江皇冠家具有限责任公司		
纳税人识别号	330123142933996886	收款国库（银行）名称	滨江区支库
付款人全称	浙江皇冠家具有限责任公司		
付款人账号	6227181800000003399	付款人开户银行	建设银行杭州滨江支行

税（费）种名称	税款所属期	实缴金额
医疗保险费——职工交纳基本医疗保险	2020.11.01～2020.11.30	1 571.10
养老保险费——企业职工交纳	2020.11.01～2020.11.30	5 804.70
失业保险费——职工交纳	2020.11.01～2020.11.30	362.70
金额合计（大写）柒仟柒佰叁拾捌元伍角整	（小写）¥7 738.50	

本付款凭证与银行对账单付款记录一致方才有效	上述款项已扣缴，请与银行对账单核对一致
国家税务总局杭州市税务局 委托银行扣款专用章	建设银行股份有限公司杭州分行 电子扣款转讫专用章
征收机关（章）	扣款单位（章）

打印密码：KFTLM-UGJIJ-ABCPQ-04NUJ-DBIJE-IGKIM-ABC4N-6MTUJ-ABCDE-FGHIJ-AHCGK-F1Q1

打印日期：2020 年 12 月 10 日

原始凭证 21–1

出库单 No 34223123

会计部门编号
仓库部门编号

2020 年 12 月 11 日

编号	名称	规格	单位	出库数量	单价	金额	备注
1	实木床		张	450			
合计							

第二联 交财务部

生产车间或部门: 仓库管理员:曾燕琼

原始凭证 21–2

1300053140 增值税专用发票 No00995708 1300053140 00995708

记账联

校验码 0678231045151767

开票日期:2020年12月11日

购买方	名 称:伟东商场 纳税人识别号:330382718320523198 地址、电话:乐清市白象镇白象大道2-1号 0577-62998819 开户行及账号:建设银行白象支行 6227282209045766609			密码区	67/*+3*0/611*++0/+0*/*+3+2/9 *11*+66666**066611*+66666* 1**+216***6000*261*2*4/*547 203994+-42*64151*6915361/3*		
货物或应税劳务、服务名称	规格型号	单位	数量	单价	金额	税率	税额
*实木床		张	450	3100.00	1395000.00	13%	181350.00
合计					¥1395000.00		¥181350.00
价税合计(大写)	⊗壹佰伍拾柒万陆仟叁佰伍拾元整				(小写)¥1576350.00		
销售方	名 称:浙江皇冠家具有限责任公司 纳税人识别号:330123142933996886 地址、电话:杭州市滨江高新技术开发区308号 0571-88900333 开户行及账号:建设银行滨江支行 6227181800000003399			备注			

第一联:记账联 销售方记账凭证

国税函[2020]257号浙江印钞厂

收款人: 复核: 开票人:段振华 销售方:(章)

原始凭证 22-1

中国建设银行
转账支票存根

浙江奉化华印刷有限公司 2020年 印制

附加信息

出票日期 2020年12月12日

收款人：	山东青云公司
金 额：	¥54 240.00
用 途：	销售折让

单位主管　　会计

原始凭证 22-2

1300053140　负数

增值税专用发票

全国统一发票监制章 国家税务总局 浙江省税务局

记账联

No 00995734　1300053140 00995734

校验码 0210241033952148

开票日期：2020年12月12日

国税函[2020]257号浙江印钞厂

购买方	名　　称：山东青云公司 纳税人识别号：142706029224401518 地址、电话：运城市运万路幸福庄 0359-2020505 开户行及账号：建设银行北城支行 6223826366638127286
密码区	67/*+3*0/611*++0/+0*/*+3+2/9 *11*+66666**066611*+66666* 1**+216***6000*261*2*4/*547 203994+-42*64151*6915361/3*

货物或应税劳务、服务名称	规格型号	单位	数量	单价	金额	税率	税额
*实木床		张	−300	160.00	−48000.00	13%	−6240.00
合　计					¥−48000.00		¥−6240.00
价税合计（大写）	⊗负伍万肆仟贰佰肆拾元整				（小写）¥−54240.00		

销售方	名　　称：浙江皇冠家具有限责任公司 纳税人识别号：330123142933996886 地址、电话：杭州市滨江高新技术开发区308号 0571-88900333 开户行及账号：建设银行滨江支行 6227181800000003399
备注	

收款人：　　复核：　　开票人：段振华　　销售方：（章）

第一联：记账联 销售方记账凭证

原始凭证 23–1

中国建设银行 China Construction Bank 进账单　（收账通知）　1

2020年12月13日　　第010号

出票人	全　称	文海商场	持票人	全　称	浙江皇冠家具有限责任公司
	账　号	6227282209045766600		账　号	6227181800000003399
	开户银行	建设银行宁海支行		开户银行	建设银行滨江支行
人民币（大写）陆拾肆万伍仟捌佰元整				千百十万千百十元角分	¥64580000
票据种类	支票				
票据张数	1				
单位主管：　会计：　复核：　记账：				持票人开户银行盖章	中国建设银行滨江支行 2020.12.13 办讫

此联是持票人开户银行交给持票人的收款通知

原始凭证 23–2

出　库　单　No00258080

会计部门编号
仓库部门编号

2020年12月13日

编号	名称	规格	单位	出库数量	单价	金额	备注
1	办公桌		张	200			
合　计							

第二联　交财务部

生产车间或部门：　　　　仓库管理员：曾燕琼

原始凭证 23-3

1300053140　　增值税专用发票　　No00096808　　1300053140 00096808

此联不作报销、扣税凭证使用

校验码　03336900801010092　　开票日期：2020年12月13日

购买方	名　　称：文海商场 纳税人识别号：330382781839272131 地址、电话：宁海市南白象真上海路2-1号　0574-75981324 开户行及账号：建设银行宁海支行　6227282209045766600			密码区	67/*+3*0/611*++0/+0*/*+3+2/9 *11*+66666**066611*+66666* 1**+216***6000*261*2*4/*547 203994+-42*64151*6915361/3*		
货物或应税劳务、服务名称	规格型号	单位	数量	单价	金额	税率	税额
*办公桌		张	200	3300.00	660000.00	13%	85800.00
合　计					¥660000.00		¥85800.00
价税合计（大写）	⊗柒拾肆万伍仟捌佰元整				（小写）¥745800.00		
销售方	名　　称：浙江皇冠家具有限责任公司 纳税人识别号：330123142933996886 地址、电话：杭州市滨江高新技术开发区308号　0571-88900333 开户行及账号：建设银行滨江支行　6227181800000003399			备注			

收款人：　　复核：　　开票人：段振华　　销售方：（章）

国税函〔2019〕257号浙江印钞厂

第一联：记账联　销售方记账凭证

原始凭证 24-1

固定资产验收单

2020 年 12 月 13 日　　　　编号：137

名称	规格型号	来源	数量	购（造）价	使用年限	残值率
机床	K-100	购买	1	315 861.13	10 年	5%
安装费	月折旧率	建造单位		交工日期	附件	
0	0.79%	汉通设备厂		2020. 12. 13	无	
验收部门	设备科	王星杰		管理处	岳静	
备注：						

原始凭证 24-2

中国建设银行 China Construction Bank　**电汇凭证**　（回单）　No0302628281

委托日期 2020年12月13日　　第5号

汇款人	全称	浙江皇冠家具有限责任公司			收款人	全称	汉通设备厂	
	账号或地址	6227181800000003399				账号或地址	6222716275640568888	
	汇出地点	杭州市	汇出行名称	建设银行滨江支行		汇出地点	宁海市	汇出行名称 建设银行宁海支行

人民币（大写）叁拾伍万陆仟玖佰贰拾叁元零捌分

千	百	十	万	千	百	十	元	角	分
	¥	3	5	6	9	2	3	0	8

汇款用途：设备款

上列款项已根据委托办理，如需查询，请持此回单来行面洽。

（汇出行盖章）中国建设银行滨江支行 2020.12.13 办讫

单位主管　会计　出纳　记账

此联是汇出行给汇款人的回单

原始凭证 24-3

3309092801　增值税专用发票　抵扣联　No00096808　3309092801 00096808

校验码 3213361991582176　　开票日期：2020年12月13日

购买方	名称：浙江皇冠家具有限责任公司 纳税人识别号：330123142933996886 地址、电话：杭州市滨江高新技术开发区308号 0571-88900333 开户行及账号：建设银行滨江支行 6227181800000003399			密码区	67/*+3*0/611*++0/+0*/*+3+2/9 *11*+66666**066611*+66666* 1**+216***6000*261*2*4/*547 203994+-42*64151*6915361/3*		
货物或应税劳务、服务名称	规格型号	单位	数量	单价	金额	税率	税额
*交通运输*运输费			1	3780.00	3780.00	9%	340.20
合计					¥3780.00		¥340.20
价税合计（大写）	⊗肆仟壹佰贰拾元贰角整				（小写）¥4120.20		
销售方	名称：龙翔物流 纳税人识别号：345897512465821647 地址、电话：浙江省杭州市下沙区经济开发区1209号 0571-87665421 开户行及账号：建设银行下沙支行 6288873339092347548			备注	龙翔物流 345897512465821647 发票专用章		

收款人：　　复核：　　开票人：刘玲　　销售方：（章）

国税函[2020]257号浙江印钞厂

第二联：抵扣联 购买方抵扣凭证

原始凭证 24-4

3309092801　　增值税专用发票　　No00096808　　3309092801 00096808

发票联

校验码 32133619915821 76

开票日期：2020年12月13日

购买方	名　　称：浙江皇冠家具有限责任公司 纳税人识别号：330123142933996886 地址、电话：杭州市滨江高新技术开发区308号　0571-88900333 开户行及账号：建设银行滨江支行　6227181800000003399	密码区	67/*+3*0/611*++0/+0*/*+3+2/9 *11*+66666**066611*+66666* 1**+216***6000*261*2*4/*547 203994+-42*64151*6915361/3*

货物或应税劳务、服务名称	规格型号	单位	数量	单价	金额	税率	税额
*交通运输*运输费			1	3780.00	3780.00	9%	340.20
合　计					¥3780.00		¥340.20
价税合计（大写）	⊗肆仟壹佰贰拾元贰角整				（小写）¥4120.20		

销售方	名　　称：龙翔物流 纳税人识别号：345897512465821647 地址、电话：浙江省杭州市下沙区经济开发区1209号　0571-87665421 开户行及账号：建设银行下沙支行　6288873339092347548	备注	龙翔物流 345897512465821647 发票专用章

收款人：　　复核：　　开票人：刘玲　　销售方：（章）

国税函〔2020〕257号浙江印钞厂

第三联：发票联　购买方记账凭证

原始凭证 24-5

3300103240　　增值税专用发票　　No13988438　　3300103240 13988438

发票联

校验码 62172458226017 63

开票日期：2020年12月08日

购买方	名　　称：浙江皇冠家具有限责任公司 纳税人识别号：330123142933996886 地址、电话：杭州市滨江高新技术开发区308号　0571-88900333 开户行及账号：建设银行滨江支行　6227181800000003399	密码区	67/*+3*0/611*++0/+0*/*+3+2/9 *11*+66666**066611*+66666* 1**+216***6000*261*2*4/*547 203994+-42*64151*6915361/3*

货物或应税劳务、服务名称	规格型号	单位	数量	单价	金额	税率	税额
*机床	K-100	台	1	315861.13	315861.13	13%	41061.95
合　计					¥315861.13		¥41061.95
价税合计（大写）	⊗叁拾伍万陆仟玖佰贰拾叁元零捌分				（小写）¥356923.08		

销售方	名　　称：汉通设备厂 纳税人识别号：330305145566037731 地址、电话：浙江省宁海市滨海四道518号　0574-66909991 开户行及账号：建设银行宁海支行　6222068010100686809	备注	汉通设备厂 330305145566037731 发票专用章

收款人：　　复核：　　开票人：吴婷　　销售方：（章）

国税函〔2020〕257号浙江印钞厂

第三联：发票联　购买方记账凭证

原始凭证 24-6

3300103240 　　**增值税专用发票** 　　No13988438 　　3300103240 13988438

抵扣联

校验码 62172458226017631 　　开票日期：2020年12月08日

购买方	名称：浙江皇冠家具有限责任公司 纳税人识别号：330123142933996886 地址、电话：杭州市滨江高新技术开发区308号 0571-88900333 开户行及账号：建设银行滨江支行 6227181800000003399				密码区	67/*+3*0/611*++0/+0*/*+3+2/9 *11*+66666**066611*+66666* 1**+216***6000*261*2*4/*547 203994+-42*64151*6915361/3*		
货物或应税劳务、服务名称	规格型号	单位	数量	单价	金额	税率	税额	
*机床	K-100	台	1	315861.13	315861.13	13%	41061.95	
合计					¥315861.13		¥41061.95	
价税合计（大写）	⊗叁拾伍万陆仟玖佰贰拾叁元零捌分				（小写）¥356 923.08			
销售方	名称：汉通设备厂 纳税人识别号：330305145566037731 地址、电话：浙江省宁海市滨海四道518号 0574-66909991 开户行及账号：建设银行宁海支行 6222068010100686809				备注	汉通设备厂 330305145566037731 发票专用章		

收款人： 　　复核： 　　开票人：吴婷 　　销售方：（章）

国税函[2020]257号浙江印钞厂

第二联：抵扣联 购买方抵扣凭证

原始凭证 25

入 库 单

No00980652

送货厂商：

物料类别：□ 原材料 □ 成品 □ 其他 　　2020年 12月 14日

品名/牌号	订单号	规格	数量	单位	单价	金额
书柜			200	张		

主管： 　　品管： 　　仓库：曾燕琼 　　送货人：

第二联 交财务部

原始凭证 26

中国建设银行
转账支票存根

浙江美织华印刷有限公司 2020年印制

附加信息

出票日期2020年12月15日

收款人：	浙江皇冠家具有限责任公司
金 额：	¥101 707.98
用 途：	提现以备发工资

单位主管 　　会计

原始凭证 27

浙江皇冠家具有限责任公司 11 月工资发放表

现金付讫

工号	所属部门	姓名	基本工资	通讯补贴	应发工资	应扣合计			代扣税部	实发工资	收款人签字
						医疗保险	养老保险	失业保险			
1	行政部	皇甫江	6 000.00	0.00	6 000.00	52.37	193.49	12.09	22.26	5 719.79	1
2		戴永明	5 300.00	0.00	5 300.00	52.37	193.49	12.09	1.26	5 040.79	2
3		段振华	4 500.00	0.00	4 500.00	52.37	193.49	12.09	0.00	4 242.05	3
4		何筱夜	3 800.00	0.00	3 800.00	52.37	193.49	12.09	0.00	3 542.05	4
5		曾燕琼	3 450.00	0.00	3 450.00	52.37	193.49	12.09	0.00	3 192.05	5
6	销售部	陈美美	4 000.00	0.00	4 000.00	52.37	193.49	12.09	0.00	3 742.05	6
7		吴靓	3 900.00	0.00	3 900.00	52.37	193.49	12.09	0.00	3 642.05	7
8	车间管理部门	宁伟	3 600.00	0.00	3 600.00	52.37	193.49	12.09	0.00	3 342.05	8
9		郝丽丽	3 700.00	0.00	3 700.00	52.37	193.49	12.09	0.00	3 442.05	9
10	生产部	汤晓丽	3 600.00	0.00	3 600.00	52.37	193.49	12.09	0.00	3 342.05	10
11		张晶晶	3 410.00	0.00	3 410.00	52.37	193.49	12.09	0.00	3 152.05	11
12		李和平	3 410.00	0.00	3 410.00	52.37	193.49	12.09	0.00	3 152.05	12
13		冯志满	3 410.00	0.00	3 410.00	52.37	193.49	12.09	0.00	3 152.05	13
14		张晓斌	3 400.00	0.00	3 400.00	52.37	193.49	12.09	0.00	3 142.05	14
15		邓坤	3 400.00	0.00	3 400.00	52.37	193.49	12.09	0.00	3 142.05	15
16		磷化	3 400.00	0.00	3 400.00	52.37	193.49	12.09	0.00	3 142.05	16
17		朱海燕	3 400.00	0.00	3 400.00	52.37	193.49	12.09	0.00	3 142.05	17
18		宋军	3 400.00	0.00	3 400.00	52.37	193.49	12.09	0.00	3 142.05	18
19		林明	3 400.00	0.00	3 400.00	52.37	193.49	12.09	0.00	3 142.05	19
20		李小兰	3 380.00	0.00	3 380.00	52.37	193.49	12.09	0.00	3 122.05	20
21		李七星	3 380.00	0.00	3 380.00	52.37	193.49	12.09	0.00	3 122.05	21
22		林小龙	3 380.00	0.00	3 380.00	52.37	193.49	12.09	0.00	3 122.05	22
23		范书徐	3 380.00	0.00	3 380.00	52.37	193.49	12.09	0.00	3 122.05	23
24		李月	3 380.00	0.00	3 380.00	52.37	193.49	12.09	0.00	3 122.05	24
25		黄婷婷	3 380.00	0.00	3 380.00	52.37	193.49	12.09	0.00	3 122.05	25
26		李璐方	3 370.00	0.00	3 370.00	52.37	193.49	12.09	0.00	3 112.05	26
27		陈胜	3 350.00	0.00	3 350.00	52.37	193.49	12.09	0.00	3 092.05	27
28		陈耀华	3 350.00	0.00	3 350.00	52.37	193.49	12.09	0.00	3 092.05	28
29		顾丽芳	3 320.00	0.00	3 320.00	52.37	193.49	12.09	0.00	3 062.05	29
30		于多多	3 320.00	0.00	3 320.00	52.37	193.49	12.09	0.00	3 062.05	30
合计			109 470.00	0.00	109 470.00	1 571.10	5 804.70	362.70	23.52	101 707.98	

会计　　　　　　复核　　　　　　出纳

原始凭证 28

电子缴税付款凭证

征收机关：国家税务总局杭州市税务局　　　　转账日期：2020 年 12 月 15 日

纳税人名称	浙江皇冠家具有限责任公司		
纳税人识别号	330123142933996886	收款国库（银行）名称	滨江区支库
付款人全称	浙江皇冠家具有限责任公司		
付款人账号	6227181800000003399	付款人开户银行	建设银行滨江支行

税（费）种名称	税款所属期	实缴金额
个人所得税（代扣代缴）	2020.11.01~2020.11.30	23.52

金额合计（大写）：贰拾叁元伍角贰分　　　　（小写）¥23.52

本付款凭证与银行对账单付款记录一致方才有效　　　　上述款项已扣缴，请与银行对账单核对一致

（印章：国家税务总局杭州市税务局 委托银行扣款专用章）　　　　（印章：建设银行股份有限公司杭州分行 电子扣款转讫专用章）

征收机关（章）　　　　扣款单位（章）

打印密码：KFTLM-UGJIJ-ABCPQ-04NUJ-DBIJE-IGKIM-ABC4N-6MTUJ-AE　　　　打印日期：2020-12-15

原始凭证 29-1

2330011211　　**增值税专用发票**　　No 07340770　　230011211 07340770

抵扣联

（印章：全国统一发票监制章 国家税务总局 浙江省税务局）

校验码 8766172453164870　　　　开票日期：2020年12月15日

购买方	名　　称：浙江皇冠家具有限责任公司 纳税人识别号：330123142933996886 地 址、电 话：杭州市滨江高新技术开发区308号　0571-88900333 开户行及账号：建设银行滨江支行　6227181800000003399				密码区	67/*+3*0/611*++0/+0*/*+3+2/9 *11*+66666**066611*+66666* 1**+216***6000*261*2*4/*547 203994+-42*64151*6915361/3*		
货物或应税劳务、服务名称	规格型号	单位	数量	单价	金额	税率	税额	
*劳务*汽车修理费			1	415.93	415.93	13%	54.07	
合　　计					¥415.93		¥54.07	
价税合计（大写）	⊗肆佰柒拾元整				（小写）¥470.00			
销售方	名　　称：广发汽修公司 纳税人识别号：512331969012658851 地 址、电 话：浙江省杭州市滨江区解放路238号　0571-82631623 开户行及账号：建设银行滨江支行　6278379972736429974				备注	（印章：广发汽修公司 512331969012658851 发票专用章）		

收款人：　　复核：　　开票人：张三　　销售方：（章）

国税函[2020]257号浙江印钞厂

第二联：抵扣联 购买方抵扣凭证

原始凭证 29–2

2330011211　　**增值税专用发票**　　№07340770　　2330011211 07340770

（印章：全国统一发票监制章 国家税务总局 浙江省税务局）

发票联

校验码 8766172453164870　　　　开票日期：2020年12月15日

购买方	名　　称：浙江皇冠家具有限责任公司 纳税人识别号：330123142933996886 地址、电话：杭州市滨江高新技术开发区308号 0571-88900333 开户行及账号：建设银行滨江支行 6227181800000003399	密码区	67/*+3*0/611*++0/+0*/*+3+2/9 *11*+66666**066611*+66666* 1**+216***6000*261*2*4/*547 203994+-42*64151*6915361/3*

货物或应税劳务、服务名称	规格型号	单位	数量	单价	金额	税率	税额
*劳务*汽车修理费			1	415.93	415.93	13%	54.07
合　计					¥415.93		¥54.07
价税合计（大写）	⊗肆佰柒拾元整			（小写）¥470.00			

销售方	名　　称：广发汽修公司 纳税人识别号：512331969012658851 地址、电话：浙江省杭州市滨江区解放路238号 0571-82631623 开户行及账号：建设银行滨江支行 6778379972736429974	备注	（印章：广发汽修公司 512331969012658851 发票专用章）

收款人：　　　复核：　　　开票人：张三　　　销售方：（章）

国税函〔2020〕257号浙江印钞厂

第三联：发票联　购买方记账凭证

原始凭证 29–3

报　销　单

报销部门：行政部　　　2020 年 12 月 15 日　　　单据及附件共 1 页

用　途	单据	金额	备注	（印章：现金付讫）
汽车修理费	1张	470.00		
			财务经理	戴永明
			领导审批	皇甫江
			领款人签字	张　芳
		¥470.00		
合计人民币：（大写）零万 零仟 肆 佰 柒 拾 零 元 零 角 零 分　（小写）¥470.00				

原始凭证 30-1

入 库 单

No00257867

送货厂商：宁波北仑涂料厂

物料类别：☐ 原材料　☐ 成品　☐ 其他　　2020 年 12 月 15 日

品名/牌号	订单号	规格	数量	单位	单价	金额
木材			1 550	立方米		

第二联　交财务部

主管：　　品管：　　仓库：曾燕琼　　送货人：

原始凭证 30-2

中国建设银行 China Construction Bank

电汇凭证　（回单）

No0302628291

委托日期 2020 年 12 月 15 日　　第 7 号

<table>
<tr><td rowspan="3">汇款人</td><td>全　称</td><td colspan="3">浙江皇冠家具有限责任公司</td><td rowspan="3">收款人</td><td>全　称</td><td colspan="3">光明木材厂</td></tr>
<tr><td>账号或地址</td><td colspan="3">6227181800000003399</td><td>账号或地址</td><td colspan="3">6227162756405000331</td></tr>
<tr><td>汇出地点</td><td>杭州市</td><td>汇出行名称</td><td>建设银行滨江支行</td><td>汇出地点</td><td>乐清市</td><td>汇出行名称</td><td>建设银行虹桥支行</td></tr>
</table>

人民币（大写）叁拾伍万零叁佰元整	千	百	十	万	千	百	十	元	角	分
		¥	3	5	0	3	0	0	0	0

汇款用途：货款

上列款项已根据委托办理，如需查询，请持此回单来行面洽

中国建设银行滨江支行 2020.12.15 办讫

（汇出行盖章）

单位主管　　会计　　出纳　　记账

此联是汇出行给汇款人的回单

原始凭证 30-3

3300102140 浙江增值税专用发票 №13988448

3300102140
13988448

全国统一发票监制章 国家税务总局 浙江省税务局

抵扣联

校验码 03582410176913 27

开票日期：2020年12月15日

购买方	名　　称：浙江皇冠家具有限责任公司 纳税人识别号：330123142933996886 地址、电话：杭州市滨江高新技术开发区308号 0571-88900333 开户行及账号：建设银行滨江支行 6227181800000003399	密码区	67/*+3*0/611*++0/+0*/*+3+2/9 *11*+66666**066611*+66666* 1**+216***6000*261*2*4/*547 203994+-42*64151*6915361/3*

货物或应税劳务、服务名称	规格型号	单位	数量	单价	金额	税率	税额
*木材		立方米	1550	200.00	310000.00	13%	40 300.00
合　计					¥310000.00		¥40300.00
价税合计（大写）	⊗叁拾伍万零叁佰元整				（小写）¥350300.00		

销售方	名　　称：光明木材厂 纳税人识别号：330323141324556178 地址、电话：浙江省乐清市虹桥镇北三村68号 0577-62861120 开户行及账号：建设银行虹桥支行 6227162756405000331	备注	光明木材厂 330323141324556178 发票专用章

收款人：　　复核：　　开票人：陈思　　销售方：（章）

国税函[2020]257号浙江印钞厂

第二联：抵扣联　购买方抵扣凭证

原始凭证 30-4

3300102140 浙江增值税专用发票 №13988448

3300102140
13988448

全国统一发票监制章 国家税务总局 浙江省税务局

发票联

校验码 03582410176913 27

开票日期：2020年12月15日

购买方	名　　称：浙江皇冠家具有限责任公司 纳税人识别号：330123142933996886 地址、电话：杭州市滨江高新技术开发区308号 0571-88900333 开户行及账号：建设银行滨江支行 6227181800000003399	密码区	67/*+3*0/611*++0/+0*/*+3+2/9 *11*+66666**066611*+66666* 1**+216***6000*261*2*4/*547 203994+-42*64151*6915361/3*

货物或应税劳务、服务名称	规格型号	单位	数量	单价	金额	税率	税额
*木材		立方米	1550	200.00	310000.00	13%	40300.00
合　计					¥ 310000.00		¥40300.00
价税合计（大写）	⊗叁拾伍万零叁佰元整				（小写）¥350 300.00		

销售方	名　　称：光明木材厂 纳税人识别号：330323141324556178 地址、电话：浙江省乐清市虹桥镇北三村68号 0577-62861120 开户行及账号：建设银行虹桥支行 6227162756405000331	备注	光明木材厂 330323141324556178 发票专用章

收款人：　　复核：　　开票人：陈思　　销售方：（章）

国税函[2020]257号浙江印钞厂

第三联：发票联　购买方记账凭证

原始凭证 31

中国建设银行 China Construction Bank

贴现凭证（收款通知）

申请日期 2020 年 12 月 15 日　　　　编号 9503

贴现汇票	种类	商业承兑汇票　号码 4374	持票人	名称	浙江皇冠家具有限责任公司
	出票日	2020年11月01日		账号	6227181800000003399
	到期日	2021年02月01日		开户银行	建设银行滨江支行
汇票承兑人名称	万方公司	账号 6227368846318867361	开户银行	建设银行宁波分行	
汇票金额	人民币（大写）伍拾捌万伍仟元整			千百十万千百十元角分	¥585000000
贴现率（月）	7.5‰	贴现利息 千百十万千百十元角分 ¥702000	实付贴现金额	千百十万千百十元角分	¥57798000
持票人签章：	小贷公司审核　负责人：　经办：	中国建设银行滨江支行 2020.12.15 办讫	记账：　复核：		

原始凭证 32–1

中国建设银行 电汇凭证（回单）1

☑ 普通 ☐ 加急　　委托日期：2020 年 12 月 16 日

汇款人	全称	台州天顽装饰有限公司	收款人	全称	浙江皇冠家具有限责任公司
	账号	6222678298137929734		账号	6227181800000003399
	汇出地点	浙江 省 台州 市/县		汇入地点	浙江 省 杭州 市/县
汇出行名称		建设银行路桥支行	汇入行名称		建设银行滨江支行
金额	壹佰玖拾捌万捌仟捌佰元整			亿千百十万千百十元角分	¥198880000
	中国建设银行滨江支行 2020.12.16 办讫 汇出行签章			凭证安全码	
				附加信息及用途： 复核：　记账：	

此联汇出行给汇款人的回单

原始凭证 32-2

出库单

No89009321

会计部门编号
仓库部门编号

2020 年 12 月 16 日

编号	名称	规格	单位	出库数量	单价	金额	备注
1	书柜		张	200			
	合　计						

第二联　交财务部

生产车间或部门:　　　　仓库管理员：曾燕琼

原始凭证 32-3

1300053140　　**增值税专用发票**　　No00937478　　1300053140 00937478

此联不作报销、扣税凭证使用

校验码 0310451054881367　　开票日期：2020年12月16日

购买方	名　　称：台州天顶装饰有限公司 纳税人识别号：339029203902930661 地址、电话：台州市路桥区天宫北路899号　0576-86435241 开户行及账号：建设银行路桥支行　6222678298137929734	密码区	67/*+3*0/611*++0/+0*/*+3+2/9 *11*+66666**066611*+66666* 1**+216***6000*261*2*4/*547 203994+-42*64151*6915361/3*

货物或应税劳务、服务名称	规格型号	单位	数量	单价	金额	税率	税额
*书柜		张	200	8800.00	1760000.00	13%	228800.00
合　计					¥1760000.00		¥228800.00
价税合计（大写）	⊗壹佰玖拾捌万捌仟捌佰元整				（小写）¥1988800.00		

销售方	名　　称：浙江皇冠家具有限责任公司 纳税人识别号：330123142933996886 地址、电话：杭州市滨江高新技术开发区308号　0571-88900333 开户行及账号：建设银行滨江支行　6227181800000003399	备注	

收款人：　　复核：　　开票人：张三　　销售方：（章）

国税函[2020]257号浙江印钞厂

第一联：记账联　销售方记账凭证

原始凭证 33–1

中国建设银行 China Construction Bank　**电汇凭证**　（回单）　No0302629291

委托日期 2020 年 12 月 16 日　　第 8 号

<table>
<tr><td rowspan="3">汇款人</td><td>全　称</td><td colspan="3">浙江皇冠家具有限责任公司</td><td rowspan="3">收款人</td><td>全　称</td><td colspan="3">广发货运公司</td><td rowspan="5">此联是汇出行给汇款人的回单</td></tr>
<tr><td>账号或地址</td><td colspan="3">6227181800000003399</td><td>账号或地址</td><td colspan="3">6227379972736429974</td></tr>
<tr><td>汇出地点</td><td>杭州市</td><td>汇出行名称</td><td>建行滨江支行</td><td>汇出地点</td><td>杭州市</td><td>汇出行名称</td><td>建设银行滨江支行</td></tr>
<tr><td colspan="6">人民币（大写）壹万零玖佰元整</td><td colspan="3">千 百 十 万 千 百 十 元 角 分
1 0 9 0 0 0 0</td></tr>
<tr><td colspan="6">汇款用途：运输费
上列款项已根据委托办理，如需查询，请持此回单来行面洽。
单位主管　会计　出纳　记账</td><td colspan="3">中国建设银行滨江支行 2020.12.16 办讫
（汇出行盖章）</td></tr>
</table>

原始凭证 33–2

3300102450　**增值税专用发票**　No00097709　3300102450 00097709

抵扣联

校验码 0680268053134618　　开票日期：2020年12月16日

<table>
<tr><td rowspan="4">购买方</td><td colspan="3">名　　称：浙江皇冠家具有限责任公司</td><td rowspan="4">密码区</td><td colspan="4">67/*+3*0/611*++0/+0*/*+3+2/9</td></tr>
<tr><td colspan="3">纳税人识别号：330123142933996886</td><td colspan="4">*11*+66666**066611*+66666*</td></tr>
<tr><td colspan="3">地址、电话：杭州市滨江高新技术开发区308号 0571-88900333</td><td colspan="4">1**+216***6000*261*2*4/*547</td></tr>
<tr><td colspan="3">开户行及账号：建设银行滨江支行 6227181800000003399</td><td colspan="4">203994+-42*64151*6915361/3*</td></tr>
<tr><td colspan="2">货物或应税劳务、服务名称</td><td>规格型号</td><td>单位</td><td>数量</td><td>单价</td><td>金额</td><td>税率</td><td>税额</td></tr>
<tr><td colspan="2">*运杂费</td><td></td><td></td><td>1</td><td>10000.00</td><td>10000.00</td><td>9%</td><td>900.00</td></tr>
<tr><td colspan="2">合　计</td><td></td><td></td><td></td><td></td><td>¥10000.00</td><td></td><td>¥900.00</td></tr>
<tr><td colspan="2">价税合计（大写）</td><td colspan="7">⊗壹万零玖佰元整　　（小写）¥10900.00</td></tr>
<tr><td rowspan="4">销售方</td><td colspan="3">名　　称：广发货运公司</td><td rowspan="4">备注</td><td colspan="4" rowspan="4">广发货运公司 512331969012658168 发票专用章</td></tr>
<tr><td colspan="3">纳税人识别号：512331969012658168</td></tr>
<tr><td colspan="3">地址、电话：浙江省杭州市滨江区解放路238号 0571-86236323</td></tr>
<tr><td colspan="3">开户行及账号：建设银行滨江支行 6227379972736429974</td></tr>
</table>

收款人：　　复核：　　开票人：张三　　销售方：（章）

国税函[2020]257号浙江印钞厂

第二联：抵扣联　购买方抵扣凭证

原始凭证 33-3

3300102450　　增值税专用发票　　№00097709　　3300102450 00097709

发票联

校验码 0680268053134618　　开票日期：2020年12月16日

购买方	名　　称：浙江皇冠家具有限责任公司 纳税人识别号：330123142933996886 地址、电话：杭州市滨江高新技术开发区308号 0571-88900333 开户行及账号：建设银行滨江支行 6227181800000003399			密码区	67/*+3*0/611*++0/+0*/*+3+2/9 *11*+66666**066611*+66666* 1**+216***6000*261*2*4/*547 203994+-42*64151*6915361/3*		
货物或应税劳务、服务名称	规格型号	单位	数量	单价	金额	税率	税额
*运杂费			1	10000.00	10000.00	9%	900.00
合　计					¥10000.00		¥900.00
价税合计（大写）	⊗壹万零玖佰元整				（小写）¥10900.00		
销售方	名　　称：广发货运公司 纳税人识别号：512331969012658168 地址、电话：浙江省杭州市滨江区解放路238号 0571-86236323 开户行及账号：建设银行滨江支行 6227379972736429974			备注	广发货运公司 512331969012658168 发票专用章		

收款人：　　复核：　　开票人：张三　　销售方：（章）

国税函［2020］257号浙江印钞厂

第三联：发票联　购买方记账凭证

原始凭证 34-1

中国建设银行
转账支票存根

浙江惠织华印刷有限公司2020年印制

附加信息

出票日期2020年12月16日

收款人：	宝莱公司
金　额：	¥143 100.00
用　途：	购买专利权

单位主管　　会计

原始凭证 34-2

3300980521 增值税专用发票 No18989548 3300980521 18989548

抵扣联

校验码 09903010101120011　　开票日期：2020年12月15日

购买方	名称：浙江皇冠家具有限责任公司 纳税人识别号：330123142933996886 地址、电话：杭州市滨江高新技术开发区308号 0571-88900333 开户行及账号：建设银行滨江支行 6227181800000003399			密码区	67/*+3*0/611*++0/+0*/*+3+2/9 *11*+66666**066611*+66666* 1**+216***6000*261*2*4/*547 203994+-42*64151*6915361/3*		
货物或应税劳务、服务名称	规格型号	单位	数量	单价	金额	税率	税额
*专利权			1	135000.00	135000.00	6%	8100.00
合计					¥135000.00		¥8100.00
价税合计（大写）	⊗壹拾肆万叁仟壹佰元整				（小写）¥143100.00		
销售方	名称：宝莱公司 纳税人识别号：330303781831797373 地址、电话：温州市桂园路6号 0577-88557777 开户行及账号：建设银行桂园分行 6227110120100102669			备注			

收款人： 复核： 开票人：吴可可 销售方：（章）

第二联：抵扣联 购买方抵扣凭证

国税函〔2020〕257号浙江印钞厂

原始凭证 34-3

3300980521 增值税专用发票 No18989548 3300980521 18989548

发票联

校验码 09903010101120011　　开票日期：2020年12月15日

购买方	名称：浙江皇冠家具有限责任公司 纳税人识别号：330123142933996886 地址、电话：杭州市滨江高新技术开发区308号 0571-88900333 开户行及账号：建设银行滨江支行 6227181800000003399			密码区	67/*+3*0/611*++0/+0*/*+3+2/9 *11*+66666**066611*+66666* 1**+216***6000*261*2*4/*547 203994+-42*64151*6915361/3*		
货物或应税劳务、服务名称	规格型号	单位	数量	单价	金额	税率	税额
*专利权			1	135000.00	135000.00	6%	8100.00
合计					¥135000.00		¥8100.00
价税合计（大写）	⊗壹拾肆万叁仟壹佰元整				（小写）¥143100.00		
销售方	名称：宝莱公司 纳税人识别号：330303781831797373 地址、电话：温州市桂园路6号 0577-88557777 开户行及账号：建设银行桂园分行 6227110120100102669			备注			

收款人： 复核： 开票人：吴可可 销售方：（章）

第三联：发票联 购买方记账凭证

国税函〔2020〕257号浙江印钞厂

原始凭证 35-1

3302289501　　增值税普通发票　　№30229870　　3302289501 30229870

发票联

校验码 03306900801010023　　开票日期：2020年12月17日

购买方	名　　称：浙江皇冠家具有限责任公司 纳税人识别号：330123142933996886 地址、电话：杭州市滨江高新技术开发区308号 0571-88900333 开户行及账号：建设银行滨江支行 6227181800000003399	密码区	67/*+3*0/611*++0/+0*/*+3+2/9 *11*+66666**066611*+66666* 1**+216***6000*261*2*4/*547 203994+-42*64151*6915361/3*

货物或应税劳务、服务名称	规格型号	单位	数量	单价	金额	税率	税额
*税控系统专业设备技术维护费			1	247.79	247.79	13%	32.21
合　计					¥247.79		¥32.21
价税合计（大写）	⊗贰佰捌拾元整				（小写）¥280.00		

销售方	名　　称：杭州航天金穗技术有限公司 纳税人识别号：524058699088348362 地址、电话：杭州市上城区复兴街49号 0571-66780034 开户行及账号：中国银行复兴支行 6227644800983308310	备注	杭州航天金穗技术有限公司 524058699088348362 发票专用章

收款人：　　复核：　　开票人：张小红　　销售方：（章）

国税函〔2020〕257号浙江印钞厂

第三联：发票联　购买方记账凭证

原始凭证 35-2

中国建设银行　电汇凭证（回单）1

☑普通 ☐加急　　委托日期：2020年12月17日

汇款人	全称	浙江皇冠家具有限责任公司	收款人	全称	杭州航天金穗技术有限公司
	账号	6227181800000003399		账号	6227644800983308310
	汇出地点	浙江 省 杭州 市/县		汇入地点	浙江 省 杭州 市/县
汇出行名称		建设银行滨江支行	汇入行名称		中国银行复兴支行
金额	贰佰捌拾元整		亿千百十万千百十元角分		¥28000
中国建设银行滨江支行 2020.12.17 办讫 汇出行签章			票证安全码 附加信息及用途： 复核：　记账：		

此联汇出行给汇款人的回单

原始凭证 36

中国建设银行 China Construction Bank 电汇凭证 （回单） No 0302629291

委托日期 2020年12月19日 第03号

汇款人	全称	浙江皇冠家具有限责任公司			收款人	全称	浙江皇冠家具有限责任公司	
	账号或地址	6227181800000003399				账号或地址	6227181800000005500	
	汇出地点	杭州市	汇出行名称	建设银行滨江支行		汇出地点	杭州市	汇出行名称 建设银行滨江支行
人民币（大写）肆拾玖万柒仟叁佰伍拾元整							千百十万千百十元角分	￥ 4 9 7 3 5 0 0 0
汇款用途：归还短期借款本金及利息								
上列款项已根据委托办理，如需查询，请持此回单来行面洽。					中国建设银行滨江支行 2020.12.19 办讫 （汇出行盖章）			
单位主管 会计 出纳 记账								

此联是汇出行给汇款人的回单

原始凭证 37–1

入 库 单 No00996503

送货厂商：张三五金经营部

物料类别：□ 原材料 □ 成品 □ 其他 2020年12月21日

品名/牌号	订单号	规格	数量	单位	单价	金额
五金配件						

主管： 品管： 仓库：曾燕琼 送货人：

第二联 交财务部

原始凭证 37–2

入 库 单 No00996503

送货厂商：张三五金经营部

物料类别：□ 原材料 □ 成品 □ 其他 2020年12月21日

品名/牌号	订单号	规格	数量	单位	单价	金额
胶粘剂						

主管： 品管： 仓库：曾燕琼 送货人：

第二联 交财务部

原始凭证 37-3

3309815067　　增值税专用发票　　№00981578　　3309815067 00981578

代开　　抵扣联

校验码 06803610531629800

开票日期：2020年12月21日

购买方	名称：浙江皇冠家具有限责任公司 纳税人识别号：330123142933996886 地址、电话：杭州市滨江高新技术开发区308号 0571-88900333 开户行及账号：中国建设银行滨江支行 6227181800000003399	密码区	67/*+3*0/611*++0/+0*/*+3+2/9 *11*+66666**066611*+66666* 1**+216***6000*261*2*4/*547 203994+-42*64151*6915361/3*

货物或应税劳务、服务名称	规格型号	单位	数量	单价	金额	税率	税额
*五金配件		套	500	80.00	40000.00	3%	1200.00
*胶粘剂		支	500	20.00	10000.00	3%	300.00
合计					¥50000.00		¥1500.00
价税合计（大写）	⊗伍万壹仟伍佰元整				（小写）¥51500.00		

销售方	名称：张三五金经营部 纳税人识别号：332088744547009338 地址、电话：杭州市滨江区经济开发区2309号 0571-8839032 开户行及账号：中国银行开发区支行 6227083924020384832	备注	杭州税务局第三分局 332088744547009338 发票专用章

收款人：　　复核：　　开票人：王路　　销售方：（章）

国税函〔2020〕257号浙江印钞厂

第二联：抵扣联 购买方抵扣凭证

原始凭证 37-4

3309815067　　增值税专用发票　　№00981578　　3309815067 00981578

代开　　发票联

校验码 06803610531629800

开票日期：2020年12月21日

购买方	名称：浙江皇冠家具有限责任公司 纳税人识别号：330123142933996886 地址、电话：杭州市滨江高新技术开发区308号 0571-88900333 开户行及账号：建设银行滨江支行 6227181800000003399	密码区	67/*+3*0/611*++0/+0*/*+3+2/9 *11*+66666**066611*+66666* 1**+216***6000*261*2*4/*547 203994+-42*64151*6915361/3*

货物或应税劳务、服务名称	规格型号	单位	数量	单价	金额	税率	税额
*五金配件		套	500	80.00	40000.00	3%	1200.00
*胶粘剂		支	500	20.00	10000.00	3%	300.00
合计					¥50000.00		¥1500.00
价税合计（大写）	⊗伍万壹仟伍佰元整				（小写）¥51500.00		

销售方	名称：张三五金经营部 纳税人识别号：332088744547009338 地址、电话：杭州市滨江区经济开发区2309号 0571-8839032 开户行及账号：中国银行开发区支行 6227083924020384832	备注	杭州税务局第三分局 332088744547009338 发票专用章

收款人：　　复核：　　开票人：王路　　销售方：（章）

国税函〔2020〕257号浙江印钞厂

第三联：发票联 购买方记账凭证

原始凭证 37-5

中国建设银行 电汇凭证（回单）1

☑普通 ☐加急　　委托日期：2020 年 12 月 21 日

汇款人	全称	浙江皇冠家具有限责任公司	收款人	全称	张三五金经营部
	账号	6227181800000003399		账号	6227083924020384832
	汇出地点	浙江 省 杭州 市/县		汇入地点	浙江 省 杭州 市/县
汇出行名称		建设银行滨江支行	汇入行名称		中国银行开发区支行
金额		伍万壹仟伍佰元整	亿千百十万千百十元角分		¥ 5 1 5 0 0 0 0
中国建设银行滨江支行 2020.12.21 办讫 汇出行签章			票证安全码		
			附加信息及用途： 复核： 记账：		

此联汇出行给汇款人的回单

原始凭证 38-1

出　库　单

No00982032

会计部门编号
用途：生产实木床　　2020 年 12 月 22 日

编号	名称	规格	单位	出库数量	单价	金额	备注
1	五金配件		套	300			
合　计							

第二联 交财务部

生产车间或部门：　　仓库管理员：曾燕琼

原始凭证 38-2

出　库　单

No00982033

会计部门编号
用途：生产实木床　　2020 年 12 月 22 日

编号	名称	规格	单位	出库数量	单价	金额	备注
1	胶粘剂		支	200			
合　计							

第二联 交财务部

生产车间或部门：　　仓库管理员：曾燕琼

原始凭证 38-3

出 库 单

No00982034

会计部门编号
用途：生产办公桌
2020年12月22日

编号	名称	规格	单位	出库数量	单价	金额	备注
1	五金配件		套	100			
	合 计						

第二联 交财务部

生产车间或部门： 仓库管理员：曾燕琼

原始凭证 38-4

出 库 单

No00982035

会计部门编号
用途：生产办公桌
2020年12月22日

编号	名称	规格	单位	出库数量	单价	金额	备注
1	胶粘剂		支	200			
	合 计						

第二联 交财务部

生产车间或部门： 仓库管理员：曾燕琼

原始凭证 39-1

中国建设银行 电汇凭证（回单）1

☑普通 □加急　　委托日期：2020年12月23日

汇款人	全称	台州天顶装饰有限公司	收款人	全称	浙江皇冠家具有限责任公司
	账号	6222677829813729734		账号	6227181800000003399
	汇出地点	浙江省台州市/县		汇入地点	浙江省杭州市/县
汇出行名称		建设银行路桥支行	汇入行名称		建设银行滨江支行
金额	壹万叁仟伍佰陆拾元整		亿千百十万千百十元角分		¥1356000
中国建设银行滨江支行 2020.12.23 办讫 汇出行签章			票证安全码		
			附加信息及用途： 复核： 记账：		

此联汇出行给汇款人的回单

原始凭证 39-2

1300053140　　**增值税专用发票**　　No34003433　　3309232321 34003433

此联不作报销、扣税凭证使用

校验码 0666578035152763　　开票日期：2020年12月23日

购买方	名　　称：台州天顶装饰有限公司 纳税人识别号：339029203902930661 地址、电话：台州市路桥区天宫北路899号 0576-87296639 开户行及账号：建设银行路桥支行 6222677829813729734	密码区	67/*+3*0/611*++0/+0*/*+3+2/9 *11*+66666**066611*+66666* 1**+216***6000*261*2*4/*547 203994+-42*64151*6915361/3*	

货物或应税劳务、服务名称	规格型号	单位	数量	单价	金额	税率	税额
*五金配件		套	100	90.00	9000.00	13%	1170.00
*胶粘剂		支	100	30.00	3000.00	13%	390.00
合　计					¥12000.00		¥1560.00
价税合计（大写）	⊗壹万叁仟伍佰陆拾元整				（小写）¥13560.00		

销售方	名　　称：浙江皇冠家具有限责任公司 纳税人识别号：330123142933996886 地址、电话：杭州市滨江区高新技术开发区308号 0571-88900333 开户行及账号：建设银行滨江支行 6227181800000003399	备注	

收款人：　　复核：　　开票人：　　销售方：（章）

国税函[2020]257号浙江印钞厂

第一联：记账联 销售方记账凭证

原始凭证 39-3

出　库　单　　No33209412

会计部门编号
仓库部门编号

2020年12月23日

编号	名称	规格	单位	出库数量	单价	金额	备注
1	五金配件		套	100			
合　计							

生产车间或部门：　　仓库管理员：曾燕琼

第二联 交财务部

原始凭证 39-4

出　库　单　　No33209413

会计部门编号
仓库部门编号

2020年12月23日

编号	名称	规格	单位	出库数量	单价	金额	备注
1	胶粘剂		支	100			
合　计							

生产车间或部门：　　仓库管理员：曾燕琼

第二联 交财务部

原始凭证 40

中国建设银行　电汇凭证（回单）1

☑ 普通　☐ 加急　　　　委托日期：2020 年 12 月 23 日

汇款人	全称	浙江皇冠家具有限责任公司	收款人	全称	天行专业设计有限公司
	账号	6227181800000003399		账号	6222783300900445678
	汇出地点	浙江 省 杭州 市/县		汇入地点	浙江 省 杭州 市/县
汇出行名称		建设银行滨江支行	汇入行名称		建设银行下沙支行
金额	壹拾陆万陆仟元整				

亿	千	百	十	万	千	百	十	元	角	分
		¥	1	6	6	0	0	0	0	0

中国建设银行滨江支行 2020.12.23 办讫 汇出行签章	票证安全码 附加信息及用途： 复核：　　记账：

此联汇出行给汇款人的回单

原始凭证 41-1

中国建设银行 China Construction Bank　电汇凭证　（回单）　No 0302629291

委托日期　2020 年 12 月 23 日　　　　第 04 号

汇款人	全　称	浙江皇冠家具有限责任公司		收款人	全　称	宁波北仑涂料厂		
	账号或地址	6227181800000003399			账号或地址	6227162761056888888		
	汇出地点	杭州市	汇出行名称	建设银行滨江支行	汇出地点	宁波市	汇出行名称	建设银行宁波支行

人民币（大写）伍拾贰万捌仟捌佰肆拾元整

千	百	十	万	千	百	十	元	角	分
	¥	5	2	8	8	4	0	0	0

汇款用途：货款

上列款项已根据委托办理，如需查询，请持此回单来行面洽。

单位主管　　会计　　出纳　　记账

中国建设银行滨江支行 2020.12.23 办讫

（汇出行盖章）

此联是汇出行给汇款人的回单

原始凭证 41-2

3300102280　　**增值税专用发票**　　No03390543　　3300102280 03390543

抵扣联

校验码　　　　开票日期：2020年12月23日

购买方	名　　称：浙江皇冠家具有限责任公司 纳税人识别号：330123142933996886 地址、电话：杭州市滨江高新技术开发区308号　0571—88900333 开户行及账号：建设银行滨江支行　6227181800000003399			密码区	67/*+3*0/611*++0/+0*/*+3+2/9 *11*+66666**066611*+66666* 1**+216***6000*261*2*4/*547 203994+-42*64151*6915361/3*		
货物或应税劳务、服务名称	规格型号	单位	数量	单价	金额	税率	税额
*涂料		桶	1 800	260.00	468000.00	13%	60840.00
合　计					¥468000.00		¥60840.00
价税合计（大写）	⊗伍拾贰万捌仟捌佰肆拾元整				（小写）¥528840.00		
销售方	名　　称：宁波北仑涂料厂 纳税人识别号：330305145566031231 地址、电话：浙江省宁波市经济开发区滨海四道518号　0574-86909991 开户行及账号：建设银行宁波支行　6227162756105688888			备注	宁波北仑涂料厂 330305145566031231 发票专用章		

收款人：　　复核：　　开票人：　　销售方：（章）

国税函〔2020〕257号浙江印钞厂

第二联：抵扣联　购买方抵扣凭证

原始凭证 41-3

3300102280　　**增值税专用发票**　　No03390543　　3300102280 03390543

发票联

校验码　　　　开票日期：2020年12月23日

购买方	名　　称：浙江皇冠家具有限责任公司 纳税人识别号：330123142933996886 地址、电话：杭州市滨江高新技术开发区308号　0571-88900333 开户行及账号：建设银行滨江支行　6227181800000003399			密码区	67/*+3*0/611*++0/+0*/*+3+2/9 *11*+66666**066611*+66666* 1**+216***6000*261*2*4/*547 203994+-42*64151*6915361/3*		
货物或应税劳务、服务名称	规格型号	单位	数量	单价	金额	税率	税额
*涂料		桶	1 800	260.00	468000.00	13%	60840.00
合　计					¥468000.00		¥60840.00
价税合计（大写）	⊗伍拾贰万捌仟捌佰肆拾元整				（小写）¥528840.00		
销售方	名　　称：宁波北仑涂料厂 纳税人识别号：330305145566031231 地址、电话：浙江省宁波市经济开发区滨海四道518号　0574-86909991 开户行及账号：建设银行宁波支行　6227162756105688888			备注	宁波北仑涂料厂 330305145566031231 发票专用章		

收款人：　　复核：　　开票人：　　销售方：（章）

国税函〔2020〕257号浙江印钞厂

第三联：发票联　购买方记账凭证

原始凭证 42-1

中国建设银行
转账支票存根

浙江美华印刷有限公司 2020年印制

附加信息

出票日期2020年12月25日

收款人：海天广告公司	
金　额：¥40 280.00	
用　途：支付广告费	

单位主管　　会计

原始凭证 42-2

3300327081　　增值税专用发票　　No00398347　　3300327081
00398347

抵扣联

校验码 06885610351554760　　开票日期:2020年12月25日

国税函[2020]257号浙江印钞厂

购买方	名　　称：浙江皇冠家具有限责任公司 纳税人识别号：330123142933996886 地址、电话：杭州市滨江高新技术开发区308号 0571-88900333 开户行及账号：建设银行滨江支行 6227181800000003399			密码区	67/*+3*0/611*++0/+0*/*+3+2/9 *11*+66666**066611*+66666* 1**+216***6000*261*2*4/*547 203994+-42*64151*6915361/3*		
货物或应税劳务、服务名称	规格型号	单位	数量	单价	金额	税率	税额
·广告费		次	1	38000.00	38000.00	6%	2280.00
合　计					¥38000.00		¥2280.00
价税合计（大写）	⊗肆万零贰佰捌拾元整			（小写）¥40280.00			
销售方	名　　称：海天广告公司 纳税人识别号：303037818317971663 地址、电话：浙江省杭州市拱墅区丰潭路320号 0571-58694214 开户行及账号：建设银行杭州分行 6222107125647895123			备注	海天广告公司 303037818317971663 发票专用章		

收款人：　　复核：　　开票人：　　销售方：（章）

第二联：抵扣联 购买方抵扣凭证

原始凭证 42–3

3300327081 增值税专用发票 No00398347

3300327081
00398347

发票联

校验码 0688561035155476 开票日期：2020年12月25日

购买方	名称：浙江皇冠家具有限责任公司 纳税人识别号：330123142933996886 地址、电话：杭州市滨江高新技术开发区308号 0571-88900333 开户行及账号：建设银行滨江支行 6227181800000003399				密码区	67/*+3*0/611*++0/+0*/*+3+2/9 *11*+66666**066611*+66666* 1**+216***6000*261*2*4/*547 203994+-42*64151*6915361/3*	
货物或应税劳务、服务名称	规格型号	单位	数量	单价	金额	税率	税额
*广告费		次	1	38000.00	38000.00	6%	2280.00
合计					¥38000.00		¥2280.00
价税合计（大写）	⊗肆万零贰佰捌拾元整				（小写）¥40280.00		
销售方	名称：海天广告公司 纳税人识别号：303037818317971663 地址、电话：浙江省杭州市拱墅区丰潭路320号 0571-58694214 开户行及账号：建设银行杭州分行 6222107125647895123				备注	海天广告公司 303037818317971663 发票专用章	

收款人： 复核： 开票人： 销售方：（章）

国税函[2020]257号浙江印钞厂

第三联：发票联 购买方记账凭证

原始凭证 43

中国建设银行 China Construction Bank 汇款来账回单 支付序号：1258781

业务类型：（小额）普通贷记业务包 记账日期：2020-12-25 柜员流水号：773354195990045

打次次数：1 业务任务号：

付款人	名称	伟东商场	收款人	名称	浙江皇冠家具有限责任公司
	账号	6227282209045766609		账号	6227181800000003399
付款行	行名	中国建设银行股份有限公司乐清分行清算中心	收款行	行名	建设银行滨江支行
	行号	10333330225		行号	30233333542
币别及金额	大写	（人民币）壹佰伍拾陆万贰仟肆佰元整			RMB1 562 400.00
摘要或附言	货款 业务种类：12 汇款人开户行行号：10333330225 汇款人地址： 收款人开户行行号：30233333542 收款人地址：				

中国建设银行滨江支行 2020.12.25 办讫

批次号：73354100003950

打印柜员：吴晓茹 编号：34437197

原始凭证 44

入　库　单　　No98028343

送货厂商：宁波北仑涂料厂

物料类别：☐ 原材料　☐ 成品　☐ 其他　　　　2020 年 12 月 26 日

品名/牌号	订单号	规格	数量	单位	单价	金额
涂料			1 800	桶		

第二联　交财务部

主管：　　品管：　　仓库：曾燕琼　　送货人：

原始凭证 45

中国建设银行
现金支票存根

浙江某印刷有限公司 2020 年印制

附加信息

出票日期 2020年12月28日

收款人：浙江皇冠家具有限责任公司

金　额：¥10 000.00

用　途：备用金

单位主管　　会计

原始凭证 46

中国建设银行　进账单（收账通知）　3

2020年12月28日

出票人	全　称	伟东商场	收款人	全　称	浙江皇冠家具有限责任公司
	账　号	6227282209045766609		账　号	6227181800000003399
	开户银行	建设银行白象支行		开户银行	建设银行滨江支行

金额	人民币（大写）	千	百	十	万	千	百	十	元	角	分
	壹拾柒万元整		¥	1	7	0	0	0	0	0	0

票据种类	支票	票据张数	1
票据号码			

中国建设银行滨江支行　2020.12.28　办讫

复核　　记账　　　　收款人开户银行盖章

此联是收款人开户银行交给收款人的收账通知

原始凭证 47

中国建设银行 China Construction Bank **电汇凭证** （回单） No.0302629291

委托日期 2020 年 12 月 28 日 第 12 号

汇款人	全称	浙江皇冠家具有限责任公司		收款人	全称	宁波北仑涂料厂		此联是汇出行给汇款人的回单
	账号或地址	6227181800000003399			账号或地址	6227162756105688888		
	汇出地点 杭州市	汇出行名称	建设银行滨江支行		汇出地点 宁波市	汇出行名称	建设银行宁波支行	
人民币（大写）陆拾万零捌仟肆佰元整					千百十万千百十元角分	¥ 6 0 8 4 0 0 0 0		
汇款用途：货款								
上列款项已根据委托办理，如需查询，请持此回单来行面洽。					（汇出行盖章） 中国建设银行滨江支行 2020.12.28 办讫			
单位主管 会计 出纳 记账								

原始凭证 48

中国建设银行 China Construction Bank **存款利息回单**

2020 年 12 月 29 日

账号	6227181800000003399
户名	浙江皇冠家具有限责任公司
开户银行	建设银行滨江支行
利率	2.25%
计息期	2020.12
利息	¥4 890.00
银行盖章 中国建设银行滨江支行 2020.12.29 办讫	

原始凭证 49-1

水费分配表

2020 年 12 月 30 日

部门	用水量/吨	单价元/吨	分配金额/元
生产车间			
管理部门			
合计			

制表人： 复核人：

原始凭证 49-2

托收凭证(付款通知) 5

委托日期：2020年12月30日

业务类型	委托收款(☑ 邮划、☐ 电划)		托收承付(☐ 邮划、☐ 电划)		
付款人	全称	浙江皇冠家具有限责任公司	收款人	全称	园林自来水公司
	账号	6227181800000003399		账号	6222801052310886888
	地址	浙江 省 杭州 市/县 开户行 建设银行滨江支行		地址	浙江 省 杭州 市/县 开户行 工商银行河西分理处
金额	人民币(大写)	壹万陆仟零贰拾叁元整		千百十万千百十元角分	¥1602300
款项内容	水费	托收凭据名称	增值税专用发票	附寄单证张数	2张
商品发运情况		合同名称号码			
备注：中国建设银行滨江支行 2020.12.30 结算专用章 复核 记账		款项收妥日期 2020年12月30日		中国建设银行滨江支行 2020.12.30 办讫 收款人开户银行签章 2020年12月30日	

此联付款人开户银行给付款人按期付款的通知

原始凭证 49–3

3300457050

增值税专用发票

抵扣联

No13780448　　3300457050　13780448

校验码 0688102456661989

开票日期：2020年12月30日

购买方	名　　称：浙江皇冠家具有限责任公司 纳税人识别号：330123142933996886 地址、电话：杭州市滨江高新技术开发区308号 0571-88900333 开户行及账号：建设银行滨江支行 6227181800000003399			密码区	67/*+3*0/611*++0/+0*/*+3+2/9 *11*+66666**066611*+66666* 1**+216***6000*261*2*4/*547 203994+-42*64151*6915361/3*		
货物或应税劳务、服务名称	规格型号	单位	数量	单价	金额	税率	税额
*自来水		吨	4900	3.00	14700.00	9%	1323.00
合　计					¥14700.00		¥1323.00
价税合计（大写）	⊗壹万陆仟零贰拾叁元整				（小写）¥16023.00		
销售方	名　　称：园林自来水公司 纳税人识别号：110232660895223163 地址、电话：杭州市园林区河东路28号 0571-62378375 开户行及账号：工商银行河东分理处 6222801052310886888			备注			

收款人：　　复核：　　开票人：　　销售方：（章）

国税函〔2020〕257号浙江印钞厂

第二联：抵扣联　购买方抵扣凭证

原始凭证 49–4

3300457050

增值税专用发票

发票联

No13780448　　3300457050　13780448

校验码 0688102456661989

开票日期：2020年12月30日

购买方	名　　称：浙江皇冠家具有限责任公司 纳税人识别号：330123142933996886 地址、电话：杭州市滨江高新技术开发区308号 0571-88900333 开户行及账号：建设银行滨江支行 6227181800000003399			密码区	67/*+3*0/611*++0/+0*/*+3+2/9 *11*+66666**066611*+66666* 1**+216***6000*261*2*4/*547 203994+-42*64151*6915361/3*		
货物或应税劳务、服务名称	规格型号	单位	数量	单价	金额	税率	税额
*自来水		吨	4900	3.00	14700.00	9%	1323.00
合　计					¥14700.00		¥1323.00
价税合计（大写）	⊗壹万陆仟零贰拾叁元整				（小写）¥16023.00		
销售方	名　　称：园林自来水公司 纳税人识别号：110232660895223163 地址、电话：杭州市园林区河东路28号 0571-62378375 开户行及账号：工商银行河东分理处 6222801052310886888			备注			

收款人：　　复核：　　开票人：　　销售方：（章）

国税函〔2020〕257号浙江印钞厂

第三联：发票联　购买方记账凭证

原始凭证 50-1

电费分配表

2020 年 12 月 30 日

部门	用途	用电量(度)	单价(元/度)	分配金额(元)
生产车间	生产实木床			
生产车间	生产办公桌			
生产车间	照明			
管理部门	照明			
合计				

制表人：　　　　　　　　　　　　　　　　复核人：

原始凭证 50-2

托收凭证(付款通知)　　5

委托日期：2020年12月30日

业务类型	委托收款(☑ 邮划、☐ 电划)			托收承付(☐ 邮划、☐ 电划)		
付款人	全称	浙江皇冠家具有限责任公司	收款人	全称	园林供电局	
	账号	6227181800000003399		账号	6222520110387710888	
	地址	浙江 省 杭州 市/县 　开户行 建设银行滨江支行		地址	浙江 省 杭州 市/县	开户行 工行河西分理处
金额	人民币(大写)	叁万陆仟叁佰肆拾元捌角整		千 百 十 万 千 百 十 元 角 分	¥ 3 6 3 4 0 8 0	
款项内容	电费	托收凭据名称	增值税专用发票	附寄单证张数	2张	
商品发运情况			合同名称号码			
备注： 中国建设银行滨江支行 2020.12.30 结算专用章 复核　　记账		款项收妥日期 2020年12月30日		中国建设银行滨江支行 2020.12.30 办讫 收款人开户银行签章 2020年12月30日		

此联付款人开户银行给付款人按期付款的通知

原始凭证 50-3

3300767090　　增值税专用发票　　No16890668　　3300767090 16890668

抵扣联

校验码 33331033326981798　　　　开票日期：2020年12月30日

购买方：
名　　称：浙江皇冠家具有限责任公司
纳税人识别号：330123142933996886
地址、电话：杭州市滨江高新技术开发区308号 0571-88900333
开户行及账号：建设银行滨江支行 6227181800000003399

密码区：
67/*+3*0/611*++0/+0*/*+3+2/9
11+66666**066611*+66666*
1**+216***6000*261*2*4/*547
203994+-42*64151*6915361/3*

货物或应税劳务、服务名称	规格型号	单位	数量	单价	金额	税率	税额
*电费		度	67000	0.48	32160.00	13%	4180.80
合　计					¥32160.00		¥4180.80
价税合计（大写）	⊗叁万陆仟叁佰肆拾元捌角整				（小写）¥36340.80		

销售方：
名　　称：园林供电局
纳税人识别号：110622608325392262
地址、电话：杭州市园林区河西路2号 0571-63782355
开户行及账号：工商银行河西分理处 6222520110387710888

备注：

收款人：　　复核：　　开票人：　　销售方：（章）

国税函〔2020〕257号浙江印钞厂

第二联：抵扣联　购买方抵扣凭证

原始凭证 50-4

3300767090　　增值税专用发票　　No16890668　　3300767090 16890668

发票联

校验码 33331033326981798　　　　开票日期：2020年12月30日

购买方：
名　　称：浙江皇冠家具有限责任公司
纳税人识别号：330123142933996886
地址、电话：杭州市滨江高新技术开发区308号 0571-88900333
开户行及账号：建设银行滨江支行 6227181800000003399

密码区：
67/*+3*0/611*++0/+0*/*+3+2/9
11+66666**066611*+66666*
1**+216***6000*261*2*4/*547
203994+-42*64151*6915361/3*

货物或应税劳务、服务名称	规格型号	单位	数量	单价	金额	税率	税额
*电费		度	67000	0.48	32160.00	13%	4180.80
合　计					¥32160.00		¥4180.80
价税合计（大写）	⊗叁万陆仟叁佰肆拾元捌角整				（小写）¥36340.80		

销售方：
名　　称：园林供电局
纳税人识别号：110622608325392262
地址、电话：杭州市园林区河西路2号 0571-63782355
开户行及账号：工商银行河西分理处 6222520110387710888

备注：

收款人：　　复核：　　开票人：　　销售方：（章）

国税函〔2020〕257号浙江印钞厂

第三联：发票联　购买方记账凭证

原始凭证 51-1

3302558941　　**增值税专用发票**　　No00673572

3302558941
00673572

抵扣联

校验码 0663251659192678

开票日期：2020年12月30日

购买方	名　　称：浙江皇冠家具有限责任公司 纳税人识别号：330123142933996886 地址、电话：杭州市滨江高新技术开发区308号 0571-88900333 开户行及账号：建设银行滨江支行 6227181800000003399	密码区	67/*+3*0/611*++0/+0*/*+3+2/9 *11*+66666**066611*+66666* 1**+216***6000*261*2*4/*547 203994+-42*64151*6915361/3*

货物或应税劳务、服务名称	规格型号	单位	数量	单价	金额	税率	税额
*设计费		次	1	50000.00	50000.00	6%	3000.00
合　计					¥50000.00		¥3000.00
价税合计（大写）	⊗伍万叁仟元整				（小写）¥53000.00		

销售方	名　　称：天竹专业设计有限公司 纳税人识别号：339533009274560683 地址、电话：杭州市下沙经济开发区创业园8幢6号 0571-88903655 开户行及账号：建设银行下沙支行 4478330090044567889	备注	天竹专业设计有限公司 339533009274560683 发票专用章

收款人：　　复核：　　开票人：　　销售方：（章）

国税函[2020]257号浙江印钞厂

第二联：抵扣联　购买方抵扣凭证

原始凭证 51-2

3302558941　　**增值税专用发票**　　No00673572

3302558941
00673572

发票联

校验码 0663251659192678

开票日期：2020年12月30日

购买方	名　　称：浙江皇冠家具有限责任公司 纳税人识别号：330123142933996886 地址、电话：杭州市滨江高新技术开发区308号 0571-88900333 开户行及账号：建设银行滨江支行 6227181800000003399	密码区	67/*+3*0/611*++0/+0*/*+3+2/9 *11*+66666**066611*+66666* 1**+216***6000*261*2*4/*547 203994+-42*64151*6915361/3*

货物或应税劳务、服务名称	规格型号	单位	数量	单价	金额	税率	税额
*设计费		次	1	50.00000	50000.00	6%	3000.00
合　计					¥50000.00		¥3000.00
价税合计（大写）	⊗伍万叁仟元整				（小写）¥53000.00		

销售方	名　　称：天竹专业设计有限公司 纳税人识别号：339533009274560683 地址、电话：杭州市下沙经济开发区创业园8幢6号 0571-88903655 开户行及账号：建设银行下沙支行 4478330090044567889	备注	天竹专业设计有限公司 339533009274560683 发票专用章

收款人：　　复核：　　开票人：　　销售方：（章）

国税函[2020]257号浙江印钞厂

第三联：发票联　购买方记账凭证

原始凭证 51-3

3302558941　　增值税专用发票　　No00673573　　3302558941 00673573

全国统一发票监制章 国家税务总局 浙江省税务局

抵扣联

校验码 03578698296013 48　　开票日期：2020年12月30日

购买方		密码区
名　　称：	浙江皇冠家具有限责任公司	67/*+3*0/611*++0/+0*/*+3+2/9
纳税人识别号：	330123142933996886	*11*+66666**066611*+66666*
地址、电话：	杭州市滨江高新技术开发区308号　0571-88900333	1**+216***6000*261*2*4/*547
开户行及账号：	建设银行滨江支行　6227181800000003399	203994+-42*64151*6915361/3*

货物或应税劳务、服务名称	规格型号	单位	数量	单价	金额	税率	税额
*装饰品		件	200	500.00	100000.00	13%	13000.00
合　计					¥100000.00		¥13000.00
价税合计（大写）	⊗壹拾壹万叁仟元整				（小写）¥113000.00		

销售方		备注
名　　称：	天竹专业设计有限公司	天竹专业设计有限公司 339533009274560683 发票专用章
纳税人识别号：	339533009274560683	
地址、电话：	杭州市下沙经济开发区创业园8幢6号　0571-88903655	
开户行及账号：	建设银行下沙支行　447833009004456 7889	

收款人：　　复核：　　开票人：　　销售方：（章）

国税函[2020]257号浙江印钞厂

第二联：抵扣联　购买方抵扣凭证

原始凭证 51-4

3302558941　　增值税专用发票　　No00673573　　3302558941 00673573

全国统一发票监制章 国家税务总局 浙江省税务局

发票联

校验码 03578698296013 48　　开票日期：2020年12月30日

购买方		密码区
名　　称：	浙江皇冠家具有限责任公司	67/*+3*0/611*++0/+0*/*+3+2/9
纳税人识别号：	330123142933996886	*11*+66666**066611*+66666*
地址、电话：	杭州市滨江高新技术开发区308号　0571-88900333	1**+216***6000*261*2*4/*547
开户行及账号：	建设银行滨江支行　6227181800000003399	203994+-42*64151*6915361/3*

货物或应税劳务、服务名称	规格型号	单位	数量	单价	金额	税率	税额
*装饰品		件	200	500.00	100000.00	13%	13000.00
合　计					¥100000.00		¥13000.00
价税合计（大写）	⊗壹拾壹万叁仟元整				（小写）¥113000.00		

销售方		备注
名　　称：	天竹专业设计有限公司	天竹专业设计有限公司 339533009274560683 发票专用章
纳税人识别号：	339533009274560683	
地址、电话：	杭州市下沙经济开发区创业园8幢6号　0571-88903655	
开户行及账号：	建设银行下沙支行　447833009004456 7889	

收款人：　　复核：　　开票人：　　销售方：（章）

国税函[2020]257号浙江印钞厂

第三联：发票联　购买方记账凭证

原始凭证 52-1

"一户通"系统同城特约委托收款凭证（付款通知）2　编号：01074345

付款日期 2020 年 12 月 30 日

付款人	全称	浙江皇冠家具有限责任公司	收款人	全称	杭州市电信局
	账号	6227181800000003399		账号	6227330482746628330
	开户银行	建设银行滨江支行		开户银行	建行银行向阳路分理处
金额	人民币（大写）	伍仟壹佰肆拾贰元捌角贰分		人民币（小写）	¥5 142.82
款项内容				协议号码	
				付款人开户银行签章 中国建设银行滨江支行 2020.12.30 办讫 2020年12月30日	

此联付款人开户银行给付款人的付款通知

原始凭证 52-2

3088880311　**增值税专用发票**　No00927721　3088880311 00927721

（全国统一发票监制章 国家税务总局 浙江省税务局）发票联

校验码 06365167545521 80　开票日期：2020年12月30日

购买方	名称：浙江皇冠家具有限责任公司 纳税人识别号：330123142933996886 地址、电话：杭州市滨江高新技术开发区308号 0571-88900333 开户行及账号：建设银行滨江支行 6227181800000003399			密码区	67/*+3*0/611*++0/+0*/*+3+2/9 *11*+66666**066611*+66666* 1**+216***6000*261*2*4/*547 203994+-42*64151*6915361/3*		
货物或应税劳务、服务名称	规格型号	单位	数量	单价	金额	税率	税额
*电话费		月	1	4718.18	4718.18	9%	424.64
合　计					¥4718.18		¥424.64
价税合计（大写）	⊗伍仟壹佰肆拾贰元捌角贰分				（小写）¥5142.82		
销售方	名称：杭州市电信局 纳税人识别号：330902384203442421 地址、电话：浙江省杭州市滨江区技术开发区908号 0571-83691248 开户行及账号：建设银行向阳路分理处 6227330482746628330			备注	杭州市电信局 330902384203442421 发票专用章		

收款人：　　复核：　　开票人：　　销售方：（章）

国税函[2020]257号浙江印刷厂

第三联：发票联 购买方记账凭证

原始凭证 53

应付利息计算表

2020 年 12 月 31 日　　单位:元

开户银行	借款金额	月利息率	应付利息额
合　计			

原始凭证 54

无形资产摊销表

2020 年 12 月　　单位:元

费用项目	无形资产原值	摊销起讫期限	每月平均摊销额
专利权摊销			
合　计			

原始凭证 55

固定资产折旧计提表

2020 年 12 月　　金额单位:元

使用部门	固定资产名称	购入时间	单位	数量	原始价值（总价）	使用年限	净残值(5%)	月折旧额
生产部	电脑	2019.05	台	2	9 000.00	3	450.00	
	切割机	2018.05	台	5	27 500.00	10	1 375.00	
	喷漆机(空压)	2018.05	台	5	27 250.00	10	1 362.50	
	钻床	2018.05	台	6	71 700.00	10	3 585.00	
	气动铆钉枪	2018.05	只	12	36 000.00	10	1 800.00	
	房屋及建筑物	2017.12	m^2	1 000	3 000 000.00	20	150 000.00	
行政部	电脑	2019.05	台	6	27 000.00	3	1 350.00	
	打印机	2019.05	台	1	3 100.00	3	155.00	
	传真机	2019.05	台	1	2 400.00	3	120.00	
	扫描仪	2019.05	台	1	2 800.00	3	140.00	
	数码相机	2019.05	台	1	4 680.00	3	234.00	
	复印机	2019.05	台	1	3 520.00	3	176.00	
	汽车	2019.05	辆	1	35 000.00	5	1 750.00	
	房屋及建筑物	2017.12	m^2	200	600 000.00	20	30 000.00	
合　计					3 849 950.00		192 497.50	

原始凭证 56

浙江皇冠家具有限责任公司 12 月工资计提表

工号	所属部门	姓名	基本工资	应发工资	单位社保					单位总支出
					医疗保险	养老保险	失业保险	生育保险	工伤保险	
1	行政部门	皇甫江	6 000.00	6 000.00	278.14	338.60	36.28	29.02	12.09	6 694.13
2		戴永明	5 300.00	5 300.00	278.14	338.60	36.28	29.02	12.09	5 994.13
3		殷掇华	4 500.00	4 500.00	278.14	338.60	36.28	29.02	12.09	5 194.13
4		保筱夜	3 800.00	3 800.00	278.14	338.60	36.28	29.02	12.09	4 494.13
5		曾燕琼	3 450.00	3 450.00	278.14	338.60	36.28	29.02	12.09	4 144.13
6	销售部门	陈笑笑	4 000.00	4 000.00	278.14	338.60	36.28	29.02	12.09	4 694.13
7		吴　靓	3 900.00	3 900.00	278.14	338.60	36.28	29.02	12.09	4 594.13
8	车间管理部门	宁　伟	3 600.00	3 600.00	278.14	338.60	36.28	29.02	12.09	4 294.13
9		郝丽丽	3 700.00	3 700.00	278.14	338.60	36.28	29.02	12.09	4 394.13
10	生产部门	汤晓丽	3 600.00	3600.00	278.14	338.60	36.28	29.02	12.09	4 294.13
11		张晶晶	3 410.00	3 410.00	278.14	338.60	36.28	29.02	12.09	4 104.13
12		李和平	3 410.00	3 410.00	278.14	338.60	36.28	29.02	12.09	4 104.13
13		冯志浦	3 410.00	3 410.00	278.14	338.60	36.28	29.02	12.09	4 104.13
14		张晓斌	3 400.00	3 400.00	278.14	338.60	36.28	29.02	12.09	4 094.13
15		邓　坤	3 400.00	3 400.00	278.14	338.60	36.28	29.02	12.09	4 094.13
16		磷　化	3 400.00	3 400.00	278.14	338.60	36.28	29.02	12.09	4 094.13
17		朱海燕	3 400.00	3 400.00	278.14	338.60	36.28	29.02	12.09	4 094.13
18		朱　军	3 400.00	3 400.00	278.14	338.60	36.28	29.02	12.09	4 094.13
19		林　明	3 400.00	3 400.00	278.14	338.60	36.28	29.02	12.09	4 094.13
20		李小兰	3 380.00	3 380.00	278.14	338.60	36.28	29.02	12.09	4 074.13
21		李七星	3 380.00	3 380.00	278.14	338.60	36.28	29.02	12.09	4 074.13
22		林小龙	3 380.00	3 380.00	278.14	338.60	36.28	29.02	12.09	4 074.13
23		范书徐	3 380.00	3 380.00	278.14	338.60	36.28	29.02	12.09	4 074.13
24		李　月	3 380.00	3 380.00	278.14	338.60	36.28	29.02	12.09	4 074.13
25		黄婷婷	3 380.00	3 380.00	278.14	338.60	36.28	29.02	12.09	4 074.13
26		李璐方	3 370.00	3 370.00	278.14	338.60	36.28	29.02	12.09	4 064.13
27		陈　胜	3 350.00	3 350.00	278.14	338.60	36.28	29.02	12.09	4 044.13
28		陈耀华	3 350.00	3 350.00	278.14	338.60	36.28	29.02	12.09	4 044.13
29		顾丽燕	3 320.00	3 320.00	278.14	338.60	36.28	29.02	12.09	4 014.13
30		于多多	3 320.00	3 320.00	278.14	338.60	36.28	29.02	12.09	4 014.13
合　计			109 470.00	109 470.00	8 344.20	10 158.00	1 088.40	870.60	362.70	130 293.90

会计　　　　　　　　　　　　复核　　　　　　　　　　　　出纳

原始凭证 57-1

财产清查报告单

2020 年 12 月 31 日　　　　　　第 012 号

编号	财产名称规格	单位	单价	数量		盘盈		盘亏		原因
				账存	实存	数量	金额	数量	金额	
C02	木材	立方米	200	1 750	1 688.5			61.5	12 264.35	保管员管理不善
合计				1 750	1 688.5			61.5	12 264.35	

财务：王林　　审批：张京　　主管：陈达　　保管员：曾燕琼　　制单：陈月

原始凭证 57-2

增值税进项税额转出表

增值税专用发票代码	转出日期	转出金额(元)	转出原因
3300102140	2020 年 12 月 31 日	1 594.37	管理员管理不善

原始凭证 58

材料盘盈（亏）处理通知单

经审查确认盘亏的61.5立方米的木材属于非常损失，盘亏木材处理如下：

保管员曾燕琼负担2300元，其余做营业外支出处理。

总经理：皇甫江　　会计主管：戴永明　　会计：段振华

2020.12.31

原始凭证 59-1

材料出入库计算表

2020 年 12 月

材料名称	单位	期初结存			本期入			本期出			本期结存		
		数量	单价	金额	数量	单价	金额	数量	单价	金额	数量	单价	金额
合　计													

原始凭证 59-2

出 库 单

No 00258083

生产领用：实木床　　2020 年 12 月 31 日

编号	名称	规格	单位	出库数量	单价	金额	备注
1	木材		立方米	1 500			
合　计							

第二联　交财务部

生产车间或部门：　　仓库管理员：曾燕琼

原始凭证 59-3

出 库 单

No 00258084

生产领用：实木床　　2020 年 12 月 31 日

编号	名称	规格	单位	出库数量	单价	金额	备注
1	涂料		桶	1 100			
合　计							

第二联　交财务部

生产车间或部门：　　仓库管理员：曾燕琼

原始凭证 59-4

出 库 单　No 00258085

生产领用：办公桌　　2020 年 12 月 31 日

编号	名称	规格	单位	出库数量	单价	金额	备注
1	木材		立方米	1 800			
合 计							

第二联 交财务部

生产车间或部门：　　仓库管理员：曾燕琼

原始凭证 59-5

出 库 单　No 00258086

生产领用：办公桌　　2020 年 12 月 31 日

编号	名称	规格	单位	出库数量	单价	金额	备注
1	涂料		桶	1 200			
合 计							

第二联 交财务部

生产车间或部门：　　仓库管理员：曾燕琼

原始凭证 60

制造费用分配表

2020 年 12 月 31 日　　金额单位：元

分配对象（产品）	分配标准（实际工时）	分配率（单位成本）	分配金额
合　计			

原始凭证 61-1

入 库 单　No0025791

送货厂商：

物料类别：☐ 原材料　☐ 成品　☐ 其他　　2020 年 12 月 31 日

品名/牌号	订单号	规格	数量	单位	单价	金额
实木床			200	张		
办公桌			240	张		

第二联 交财务部

主管：　品管：　仓库：曾燕琼　送货人：

原始凭证 61-2

完工产品与月末在产品成本分配表

产品:实木床　　　　年　月　日

成本项目	月初在产品成本	本月发生费用	合计	完工产品数量	月末在产品数量	单位成本	完工产品成本	月末在产品成本
直接材料								
直接人工								
制造费用								
合　计								

审核:　　　　制表:

原始凭证 61-3

完工产品与月末在产品成本分配表

产品:办公桌　　　　年　月　日

成本项目	月初在产品成本	本月发生费用	合计	完工产品数量	月末在产品数量	单位成本	完工产品成本	月末在产品成本
直接材料								
直接人工								
制造费用								
合　计								

审核:　　　　制表:

原始凭证 61-4

完工产品成本汇总表

年　月　日　　　　附单据　张

产品名称	计量单位	产量	直接材料	直接人工	制造费用	总成本	单位成本
合　计							

审核:　　　　制表:

原始凭证 62

销售成本计算表

2020 年 12 月 31 日

项目	主营业务成本									其他业务成本					
	实木床			办公桌			实木地板			胶粘剂			五金配件		
	数量	单价	金额	数量	单价	金额	数量	单价	金额	数量	单价	金额	数量	单价	金额
月初结存															
本月收入															
本月出库															
月末结存															
备注	(1) 加权平均单价和销售成本均保留到分位。 (2) 由于加权平均单价除不尽,为了保持账面数字之间的平衡关系,销售成本采用倒挤成本计算。														

原始凭证 63

应交城市维护建设税及教育费附加计算表

2020 年 12 月 31 日

项目	计税金额	税率	本月应交额
应交城市维护建设税		7%	
应交教育费附加		3%	
应交地方教育费附加		2%	
合　计			

复核：　　　　　　　　　　制表：

原始凭证 64

所得税计算表

2020 年 12 月

本月度利润总额 ①	所得税税率 ②	本月度应交所得税额 ③=①×②

复核：　　　　　　　　　　制表：

原始凭证 65

无附件。

原始凭证 66-1

提取盈余公积计算表

2020 年 12 月 31 日　　　　单位：元

项目	税后净利润	提取比例	提取额
法定盈余公积			
任意盈余公积			
合计			

复核：　　　　　　　　　　制表：

原始凭证 66-2

应付现金股利计算表

2019 年 12 月　　　　单位：元

股东成员	税后净利润	提取比例	提取额
皇甫江			
王　峰			
刘　斌			
合　计			

复核：　　　　　　　　　　制表：

原始凭证 67

无附件。